The Empire of Min

10世纪的中国南方王国

A South China Kingdom of the Tenth Century

[美] 薛爱华（Edward Hetzel Schafer）

程章灿　侯承相——译

上海文化出版社

唐宋帝国的东南边疆

读美国汉学家薛爱华的《闽国》和《珠崖》

一

10世纪初,在藩镇割据和黄巢起义的双重打击下,大唐帝国终于土崩瓦解,中国历史随后进入了以"五代十国"标名的分裂动乱的时代。所谓"五代",指的是在中国北方地区先后出现的后梁、后唐、后晋、后汉和后周五个较强大的王朝。"朱李石刘郭,梁唐晋汉周。都来十五帝,播乱五十秋。"小说家施耐庵在《水浒传》一开篇引用这首据说出自北宋理学家邵雍的诗句,说的就是这5个朝代。从907年到960年,前后仅仅54年,在中原却轮替了5个朝代,走马灯似的更换了15个皇帝,平均每个皇帝在位时间不到4年,扰攘不休。后唐和后周的统治者,都曾以养子嗣位,如果考虑到五代时期这种独特的养子现象,那么,五代十五帝其实还不止五姓,而是八姓。怎一个乱字了得!

与五代几乎同时存在的,还有10个相对较小的地方性割据政权,史称十国(902—979)。其中9个在南方,即吴、南唐、吴越、楚、前蜀、后蜀、南汉、南平(荆南)、闽,只有1个在北方,那就是北汉。相对于五代而言,十国地盘较小,势力较弱,国势较强时,往往称王称帝,割据一方,有自己的国号和年号,一旦国力衰退,则夹起尾巴做人,尊奉北方朝廷的年号,而停用自家的王号和年号。在中国传统的纪传体正史中,关于五代十国这一段的正史有《新五代史》和《旧五代史》两种。《新五代史》将五代诸君主列入本纪,而将十国诸君主列入世家;《旧五代史》亦将五代诸君主列入本纪,而将十国诸君主列入世袭列传和僭伪列传。总而言之,十国与五代相比,有如小巫见大巫,等而下之。十国之间固然亦有相安无事乃至联姻结援的时候,如闽国和南汉之间就有政治联姻,但也不时发生利益冲突,彼此相争、远交近攻的例子并不罕见。另一方面,五代十国内部的政治斗争,王位继承权的抢夺,上下相斫,厮杀不断,给人的总体感觉,是政治残酷、人性堕落以及历史线索纷乱。史家面对这一段历史,常常产生治丝益棼的无力之感。因此,研究五代十国的学者,相对于研究唐代的学者要少得多;五代十国研究的深度和广度,也远不及唐代研究的深度和广度。这一点是显而易见的,也是容易理解的。

美国汉学家薛爱华的研究,就为此提供了生动而现成的例证。薛爱华一生出版了七部有关唐代的著作:《撒马尔罕的金桃:唐代舶来品研究》《朱雀:唐代的南方意象》《珠崖》《神女:唐代文学中的龙女与雨女》《步虚:唐代对星空的探讨》《唐代的茅山》《时间之海上的幻景:曹唐的道教诗歌》。他对大唐帝国的研究,涉及唐帝国的对外关系、唐帝国的南部边疆、唐代的神话传说与宗教信仰、唐人对于星空宇宙的认识等等,体现了他对唐朝历史文化的痴迷。但是,另一方面,我们也不能忽略,薛爱华对大唐帝国瓦解之后的五代十国,尤其十国这一段历史,同样也充满了兴趣。在十国中,他对南汉和闽国尤其情有独钟。他完成于1947年的博士学位论文,就是以南汉研究为题的。[1] 在《朱雀》一书中,他也经常提到奢侈富庶的南汉帝国。[2] 而他初版于1954年的《闽国》(*The Empire of Min: A South China Kingdom of the Tenth Century*),可以说与其博士论文的研究思路一脉相承,延续了前一研究中重视唐帝国遗产与聚焦唐帝国边疆的研究思路。尽管如此,南汉研究(未正式出版的博士论文)和《闽国》,相对于另外七部唐研究专著而言,明显是少数。但是,从时间序列

---

[1] 参看拙撰《四裔、名物、宗教与历史想象》,《陕西师范大学学报》,2013年第1期。此文后来作为代译序,收入拙译《朱雀》《神女》(皆由生活·读书·新知三联书店于2014年出版),作为卷首。
[2] 程章灿、叶蕾蕾译《朱雀》,生活·读书·新知三联书店,2014年。

来看，南汉研究和闽国研究却是薛爱华在汉学研究上最初取得的成果，更重要的是，这两本书堪称薛爱华极富个人特色的汉学研究的先声。而在这两本书中，唯有《闽国》是公开出版的，更方便我们了解其中详情。

《闽国》一书以10世纪中国南方的王国为主题。顾名思义，薛爱华特别看重闽国在时间（"10世纪"）和空间（"南方"）两个方面的属性。关于10世纪这个时间点，薛爱华开门见山，在书中第一页就强调指出："在中国历史上，10世纪是最被忽视的时代之一。尤其是传统史学称为'五代'的这个时期，无论是中国学者还是外国学者，都不约而同地存在着重视不够的情形。""之所以忽视这一时期，一方面是因为研究那些大一统的王朝对于学者有更大的吸引力，另一方面则是因为中文文献资料相对匮乏。"[1] "天命世代传递的正统观念，使得对北方五代的研究显得比较彻底，而相对而言，对中国中部与南方十国的研究则几乎完全被忽视了，十国所宣称的正统性，并没有得到其后的帝国官方史学家承认。"[2] 正如《闽国》一书"绪言"中所综述的，在薛爱华开始此项研究的20世纪50年代初，已有的闽国

---

[1] 《闽国》和《珠崖》两书中文版由后浪出版公司引进。以下引用皆为中文版页码。《闽国·绪言》，页1。
[2] 《闽国·绪言》，页4。

研究的成果，无论中文文献还是西文文献，都寥若晨星。对于很多学者，包括中国学者在内，甚至晚到20世纪80年代，闽国还是异常生疏的。[1]

在西方语言中，虽然有沙畹（Edouard Chavannes）和艾伯华（Wolfram Eberhard）等汉学名家开展了对十国的研究，但他们的研究并非专门针对闽国，在现代中文文献中，只有魏应麒《五代闽史稿之一》令人眼为之明，最值得重视。[2] 可惜的是，魏应麒只完成了这一系列论文的第一篇，未竟其业。在宋代人手里编纂而成的《旧五代史》《新五代史》《资治通鉴》，不仅由于偏重政治史而失于肤浅，而且由于宋朝对十国怀有与生俱来的政治偏见和居高临下的"正统"歧视，对相关历史事实常做筛选过滤，致使诸多历史叙述变形，对于闽国的历史叙述，既稀少单薄，又未尽可信。几百年后，当清人吴任臣编纂《十国春秋》时，尽管有

---

[1] 在为《闽国》一书撰写的书评（*The Far Eastern Quarterly*, Vol.14, No.4, Special Number on Chinese History and Society, Aug,.1955, pp.562–565）中，柯迂儒（James I. Crump, Jr.）第一句即指出，很多西方学者面对书名，恐怕无法"顾名而思义"。即使在薛爱华《闽国》一书出版数十年后，学界对闽国的生疏犹未完全改观。有人甚至将这部《闽国》，错译为《五代时期的唐闵帝》，见中国社会科学院文献情报中心、孙越生、陈书梅主编《美国中国学手册》（增订本），中国社会科学出版社，1993年，页385。《美国中国学手册》编撰人员很可能将书名中的empire错看成emperor，而唐代并没有闵帝，只有五代中的后唐有闵帝李从厚，于是在书名中加上"五代时期"以自圆其说。这一误译事例，也从一个侧面说明，闽国对于很多人来说，是相当陌生的。
[2] 魏应麒《五代闽史稿之一》，《国立中山大学语言历史学研究所周刊》，第7卷总第75号（1929年4月3日）。

意摆脱"正统"的纠缠,补缺纠偏,但事实上,由于文献不足,他已经力不从心了。"因为他是在事件发生6个世纪之后才记述这一事件。因此,纵然《十国春秋》被近来许多作者作为一种主要而权威的文献来源而频繁引用,但我仍对使用其中的材料持谨慎态度,不管这些材料多有吸引力,除非能够查证出处,否则我不会使用。"[1]薛爱华对包括《十国春秋》《资治通鉴》等书在内的前代历史叙述,抱着审慎的、批判的态度。所以,《闽国》的"绪言"部分,从常规视角来看,固然是套路式的文献综述和学术史回顾,从具体目的来看,它也阐释了此书的逻辑起点和研究方法。

《闽国》第一章"自然景观"着重对闽国的自然地理环境进行描述,旨在为后续的历史叙述提供自然环境的背景。本章所涉及的自然,包括山川河流、鸟兽草木、城池建造,乃至水陆交通。从这个角度来看,薛爱华仿佛是一个"多识于鸟兽草木之名"的孔门诗教的信徒。实际上,薛爱华是一个大自然的热爱者,他热爱自然界中的各种物产,也热爱人类创造的各种物质文明,尤其痴迷观察各种花草鸟兽,临终前一个月,他还

---

[1]《闽国·绪言》,页8。

在伯利兹观察珍稀鸟类和哺乳动物。[1]《闽国》第一章的视角，已经体现了薛爱华这一独特兴趣对其学术研究的影响。在他后来的学术研究生涯中，这一方面的影响持续扩展，由此产生了《撒马尔罕的金桃》《朱雀》等著作。如果说，对物的兴趣贯穿了他的一生，那么，对名物的兴趣就是他的汉学研究的突出特点。而在这一方面，《闽国》第一章可以说是《撒马尔罕的金桃》和《朱雀》等书的先声。

除了"绪言"《闽国》一书共有六章："自然景观""朝堂""历史""经济""艺术""信仰"。从这个结构可以看出，作者关注的不仅是闽国的政治史，而且涉及地理、经济、艺术和宗教各方面。"朝堂"一章介绍的是"闽国的著名人物，他们的命运左右着这个自中华帝国形成以来福建地区唯一的独立国家的兴起、维持和衰亡。"[2]这些著名人物中，最重要的无疑是号称"王氏三龙"的王潮、王审邽和王审知兄弟，其次就是王审知的继承者，包括其长子王延翰、次子皇帝王延钧、少子王延羲，以及建州刺史王延政、王延钧长子王继鹏等，另外就是一些对闽国政局起到举足轻重影响的朝臣、近侍和禁军将领，如薛文杰、朱文

---

[1] 根据笔者2018年4月28日对薛爱华遗孀Philis Brooks Schafer的采访。参看Philis Brooks Schafer撰写的薛爱华讣告 *Edward Hetzel Schafer, 23 August 1913-9 February 1991*。
[2]《闽国》，页44。

进、连重遇、李仁达、许文稹、杨思恭，还有一些广为传闻的后妃，如金凤和春燕。作者设立"朝堂"一章，与其说旨在介绍人物，不如说意在正式叙述这段历史之前，先渲染一下闽国朝廷的氛围，或者说，是以宫廷为中心，展示影响闽国政局的诸种内外因素。

第三章"历史"所叙述的内容，实际上也是"闽国的著名人物"，只不过他将这些人物按照其政治身份，分为刺史、藩王、帝王、暴君、投机分子、军阀等若干种。第三章的叙述对象貌似与第二章有些重叠，但实际上两者的角度明显不同，重点更是迥然不同。第二章重在渲染宫廷氛围，第三章重在介绍这些人物不同的政治角色或者身份。从刺史到藩王到帝王，一方面标志着固始王氏在五代政治舞台上的角色转变，另一方面也体现了这一地方势力逐步崛起、闽地割据格局最终形成的历史脉络。至于暴君、投机分子和军阀，则显示了闽国政治生态的复杂性。从另一个角度也可以说，第三章相当于闽国的一个编年史，只不过这个编年史是以其最高统治者为线索贯穿起来的。

王审知兄弟所占据的闽地，从北到南，依次分为五州：建州、汀州、福州、泉州、漳州。其中，最为重要的是福州和建州。王审知去世之后，福州和建州分别由他的两个儿子掌管，甚至形成以福州为中心的闽国和以建州为中心的殷国的对峙割据，在福州先后掌权的王延翰、王延钧和王延羲，与在建州掌权的王延禀和王延政之间，经常爆发内战。双方甚至分别引入外援，于是，不仅北方的五代介入闽国的官号和正朔，而且淮南吴国、吴越和南唐更直接派兵派人介入闽地的内战。在闽国末年，闽地五州形成了三分天下的格局：建州和汀州落入南唐之手，福州属于吴越的势力范围，只有漳州还受军阀留从效的节制。朝秦暮楚，朝三暮四，在闽国政治中屡见不鲜。

纵观薛爱华一生的汉学研究，他所重点关注的并不是政治史，而是广义的社会文化史。从他的十部专著可以看出，他对中古中国的最大兴趣所在，是边疆开发、经济交流（物质文化）、文学艺术以及宗教信仰等。[1] 这种兴趣倾向，早在《闽国》一书中就有鲜明的体现。政治史也不是《闽国》一书的首要关注点，尽管相对而言，头两章中较多有关政治史的叙述，但也经常穿插可读性较强的社会史的描述。从第四章开始，《闽国》的焦点转移到了闽国的经济、艺术和宗教。关于经济，作者关注的是物产与贡品、朝廷支出与赋税、货币、对外贸易和人口变化等，比较偏重物质文化和社会经济生活。艺术方面，作者关注的是建筑、其他各类艺术和文学创作。宗教方面，除了概述之外，作者还特

---

[1] 参看拙撰《四裔、名物、宗教与历史想象》。

别关注了佛教、道教、官方信仰、摩尼教、传说和民间信仰等。

常言道，巧妇难为无米之炊。总体来看，有关闽国历史的文献资料存世甚少，关于经济、艺术与宗教的材料更少。《闽国》的写作，无疑受限于文献的匮乏。薛爱华费心搜集材料，创建了闽国历史的叙述框架，是难能可贵的。他对史事细节的强烈好奇心，对奇闻异事的痴迷，使得叙述轻松活泼，可读性很强。有意思的是，王审知兄弟三人，以"审"字标志辈分，其行事确实比较审慎。他们的子孙两代，分别以"延""继"字标志辈分，可是，无论是福州的王延翰、王延钧和王延羲，还是在建州的王延禀和王延政，无论是福州的王继鹏还是建州的王继雄，其性格多张狂刚愎，行事每暴戾恣睢，完全没有延续或继承王审知那一辈的家风。薛爱华对他们的个性津津乐道，叙述娓娓动听。又如，五代十国的统治者很多都喜欢玩弄名号的游戏，具体表现在王号、年号和姓名三个方面。最典型的是那个臭名昭著的投机分子李仁达，他的政治经历，完美诠释了"朝秦暮楚""反复无常"这两个成语。有意思的是，他每改换一次投靠对象，就改一次名字，令人忍俊不禁。在诸如此类的叙述中，体现了薛爱华独特的写作趣味和行文风格，在他未来的汉学研究论著中，这种趣味和风格还将被进一步突显，更加引人注目。

二

2018年春节假期，从内地蜂拥前来海南岛避冬的人群，使这座海岛喧闹一时。假期结束，离岛的车辆排成数公里的长龙，挤满了琼州海峡边的道路。不管是1200年前的唐代宰相韦执谊，还是900年前的宋代文豪苏东坡，恐怕都无法想象，他们当年避之唯恐不及的天涯海角，如今竟成为人们趋之若鹜的旅游休闲热门目的地。在这个新闻登上头条之时，我正坐在古城金陵城东书房的南窗之下，翻译着薛爱华的《珠崖》。

《珠崖》以海南岛为主题。所论时段，是"从远古时期直到北宋末年，亦即至大约12世纪20年代为止"。"但本书的重点是8世纪到11世纪，在这个时段内，有关海南的材料才开始变得丰富起来。"[1] 对于唐宋帝国来说，海南岛是比闽地更为荒远的边疆，是有罪官员的贬谪之所。在传统文献中，"珠崖"也可以写作"珠涯""珠厓""朱崖""崖州"，这些汉字给予中原士人的联想，是遥远的烟瘴蛮荒之地，令人望而生畏。出身士族的中唐宰相韦执谊，连这个地方的地图都不敢瞄一眼，生怕沾上这挥之不去的梦魇。《太平广记》卷一百五十三"定数"收录了这

---

1 《珠崖·前言》，页1。

样一段故事：

> 韦执谊自相座贬太子宾客，又贬崖州司马。执谊前为职方员外，所司呈诸州图，每至岭南州图，必速令将去，未尝省之。及为相，北壁有图经，数日试往阅焉，乃崖州图矣，意甚恶之。至是，果贬崖州，二年死于海上。（出《感定录》）[1]

韦执谊早年担任职方员外郎，工作职责的关系，他需要接触各州郡的地图。但他小心翼翼，坚持不看崖州地图。然而，冥冥之中自有定数，他终究还是没能摆脱贬死崖州的命运。

《珠崖》一书初版于1969年，较《闽国》晚15年。尽管相隔15年，薛爱华对大唐帝国边疆的兴趣依然不减当年。此前两年，亦即1967年，薛爱华刚刚出版他的《朱雀》。很显然，在薛爱华各种专著中，《珠崖》与《朱雀》之间的关系最为直接而确定。有一种古老而传统的解释，认为"珠崖"意即"朱雀之崖"，如果采信这种说法，那么，两书书名的联系就更加密切了。实质上，《珠崖》一书的命名风格、章节安排和行文套路，都与《朱

---

[1]（宋）李昉等编《太平广记》，中华书局，1961年，页1100。

雀》如出一辙，完全可以说是《朱雀》的余韵。用薛爱华本人在《珠崖·前言》中的言辞，《珠崖》是为《朱雀》所下的一个"充实的注解"。[1] 换句话说，《朱雀》是原文，《珠崖》是注解，在作者眼中，这两部书就是一个不可拆分的整体。

在1988年建省之前，在漫长的历史中，海南岛在行政区划和文化区域上一般都归属广东或者岭南。它孤悬海外，外形"像一颗精美的绿宝石悬挂在中国南端的海岸，而其垂坠的位置，使人想起红宝石之岛锡兰（Ceylon）"。[2] 另一方面，因为海南岛出产珍珠，所以有"珠崖"之称。从远古秦汉到六朝的海南岛开发史，至今仍然是一个很吸引人的话题，只是囿于极其有限的文献记载，只能粗线条地描绘，"随着唐朝的开拓进取，并在全岛确立了统治权，海南岛的真正形状也开始浮出水面"[3]，相关的文献记载也多了起来。《珠崖》将描述重点放在8至11世纪，是很容易理解的。这个时期被贬海南岛的北方流人中，最为著名的是李德裕、卢多逊、丁谓和苏轼。他们的海南岛经历，尤其是李德裕、苏轼以及陪同苏轼来到崖州的儿子苏过笔下的崖州记忆，成为薛爱华描述唐宋流人的海岛生活的重要依据。

---

1 《珠崖·前言》，页1。
2 《珠崖》，页3—4。
3 《珠崖》，页38。

海南岛的自然条件与北方大陆截然不同。这里湿热难当的气候，狂暴肆虐的台风，内陆的山岩，甘美的泉水，丰富的矿藏，各种与众不同的动植物，例如贵重的沉香木、稀罕的翡翠鸟等，无不光怪陆离，炫人眼目，充满了异域风情，令远道而来的中原迁客着迷，更令热爱自然观察的薛爱华着迷。在《珠崖》一书中，"自然"一章所占篇幅最大，也最有原创性。[1]薛爱华不仅细读传世历史文献和文学文本，而且结合近代以来对海南岛所做的人类学、地理学和地质学的实地考察，对此岛自然史的不同切面，做了细密的观察，并与读者分享。从很早开始，海南岛就以出产珍奇的"明月珠"而闻名，这让中唐诗人张籍艳羡不已。张籍在其《送海南客归旧岛》诗中说："海上去应远，蛮家云岛孤。竹船来桂浦，山市卖鱼须。入国自献宝，逢人多赠珠。却归春洞口，斩象祭天吴。"[2]但是，张籍毕竟身在中原，与海南岛悬隔万里，其诗中所述，不免掺杂了主观的浪漫想象，甚或异域的美化。相比之下，陪同苏轼在海南岛生活的苏过，其《冬夜怀诸兄弟》诗中对海南的描述，就真实可信得多："我今处海南，日与渔樵伍。黄茅蔽涧谷，白雾昏庭宇。风高翔鸥梟，月黑号鼯

---

[1] 王赓武（Wang Gungwu）为《珠崖》一书所撰书评已提到此点，文载 Pacific Affairs（《太平洋事务》），Vol.45, No.1 (Spring 1972), pp.96–97。
[2] 张籍《送海南客归旧岛》，《全唐诗》卷384，中华书局，1960年，页4312。

鼠。舟居杂蛮蜑，卉服半夷疠。下床但药饵，遣瘴烦樽俎。何须鸢堕时，方念平生语。"[1]像《冬夜怀诸兄弟》这类基于亲身见闻和实地观察的诗文，特别受到薛爱华重视。薛爱华不仅善于搜集有关早期海南岛的历史文献，还擅长利用当时人诗文作品中的零星材料，挖掘其中的社会文化价值。总之，《珠崖》一书的风格与《朱雀》一样，既有质实的史料，又有鲜艳的色彩。作者的描述是细腻的，笔触是有感染力的。

薛爱华自始至终希望回答的问题是：12世纪以前的海南岛是什么样子的？他不仅关心海南岛的自然风貌，也关注那里的历史和人文环境。所以，《珠崖》的前三章分别从"历史""自然""原住民"三个不同的角度切入，试图回答这一问题。这三章是全书的重点。前两章的视角，分别是海南岛的人文历史和自然历史，第三章的焦点是海南岛的原住民。较之关注流人，关注原住民更有难度，也更为稀罕。"在早期中国人眼里，珠崖就是一座神秘之岛，岛上的族群构成同样也是一个谜。"[2]如果根据语言来划分，"当时整个南越地区只能划分成六个群体：一是羁縻州邕州的侬氏和黄氏部落，他们是最开化和最有势力的原住民家族，很可能是说泰语的；二是融州的猺人，他们是神犬槃瓠的后

---

[1] 苏过《冬夜怀诸兄弟》，《斜川集》，"知不足斋丛书"，卷1，页3b—4a。
[2] 《珠崖》，页87。

裔；三是广西深山里的獠人（取狭义）；四是与獠极其相似的蛮人（取狭义）；五是黎人，尤其是分布在海南的；六是疍人，他们以船为家，以捕鱼为生，能入海采珠"。[1]而在海南岛上，既有黎人、峒人，也有号称河洛人（福佬人）的北方移民的后代，还有生活在水上的疍人。黎人之中，根据其开化程度的不同，又分为生黎和熟黎两种，"其服属州县者为熟黎，其居山洞无征徭者为生黎"。[2]按照宋人周去非的观察，生黎质直犷悍，比较好管理，而熟黎中则混杂有湖广福建移民中的奸顽之辈，较难以驾驭。[3]黎人的风俗与汉人不同。按照古代文献的记载，当黎族女孩年方及笄，就要在脸颊和脖颈用蓝色刺上精美的花纹和飞蛾图案，所以也称为"绣面"。越富裕的人家，文身越是讲究，反之，丫鬟婢女则无缘文身。对黎人来说，女子文身不仅具有审美功能，更是社会身份的标志。

　　薛爱华还注意到唐宋时代海南岛上的跨文化通婚现象，此事涉及岛上社会族群融合的问题，是值得重视的。有些生活在峡谷中的黎人，对跨族群、跨文化婚姻的态度是开放的，他们允许汉人进入自己的家族圈。相反，汉人尤其是汉人中的政府官员，对

---

[1] 《珠崖》，页91。
[2] 脱脱等撰，《宋史》卷495，中华书局，1985年，页14219。
[3] 周去非撰，《岭外代答》，"丛书集成初编"，卷2，页19。

这类通婚却比较拒斥。例如，"宋初有一小官吴蒙带兵深入高地，就遇上了这样一位慷慨大度的黎戎主人。吴蒙被俘获后，黎人待之甚厚，以女妻之，两人育有一子。要么他认为这种奇怪的人生遭遇不适合体面的华人，要么他的上司这么认为，总之他最后是被人用银瓶赎出来的"。[1]这种观察视角，透露了薛爱华早年所受学术训练中的社会学与人类学背景。

第四章中的"交通"，不单指字面意义上的道路交通，也包括海南岛的物质生产、经济贸易以及海外交通，也就是说，除了海南岛与外界的人员往来之外，也包括海南岛与外界的物质交流。于是，在"交通"的题目之下，海南岛的经济生产、向上进贡以及海外贸易，都囊括其中。这是观察海南岛的一个别致角度，也再次体现了薛爱华对物质文化的情有独钟。

古代中国人对海南岛的了解，很多是通过北方流人留下的各种记录。《珠崖》各章描述，几乎都离不开这些流人留下的文字材料。这些材料当然是珍贵的。相对来说，专门描述流人的第五章，是书中最不令人感到意外的一章。第五章写到的流人，主要是唐宋两代的杨炎、李德裕、丁谓、苏轼四人，围绕苏轼的描述最为详细，主要是因为苏轼留下的文字记录最多。

---

[1] 《珠崖》，页110。

值得一提的是，海南岛很早就引起西方殖民者的兴趣，西方汉学界有关成果甚多。《珠崖》一书参考了西方学者郇和、梅辉立、莫古礼、萨维纳、芬次尔等人的调查报告和研究论著。在这一方面，《珠崖》亦与《朱雀》相近，而与《闽国》相远。

如果割弃了五代十国这一段，大唐帝国的历史显然是不完整的。同样，《朱雀》一书如果缺少了《珠崖》这一尾声，也是不完整的。追求完整圆满的冲动，曾经使薛爱华面对《珠崖》这一选题欲罢不能，并终于完成了这本著作。喜欢《朱雀》的读者，终究也会喜欢《珠崖》的，我相信。

三

闽地的开发和开化，与中原移民尤其是来自河南固始的移民有极大的关系。唐朝末年，天下大乱，各地农民纷纷起义。淮南道光州固始（今河南固始）人王审潮（又名王潮，下文统称其为王潮）、王审邽和王审知兄弟三人，亦加入义军，并于885年率军进入福建，随后在闽地建立了闽国。在五代十国中，这个僻居东南一隅的小国既不强大，也不显眼，但是，在闽地开发和文化发展史中，闽国历史却是非常重要、光耀夺目的一段。值得一提的是，当年追随王审知兄弟入闽的将士，很多都是光州固始人。

而在闽地开发与开化的历史上，另一位做出巨大贡献并且被后人尊奉为"开漳圣王"的陈元光，也是光州固始人。陈元光是唐高宗、武后时人，其年代早于王审知约200年。不知道当年从固始出发的王审知兄弟们，在最终选择闽地为行军目的地时，是否冥冥之中受到200年前那位乡先贤的启示？

跟随王审知入闽的将士中，有一位是后来官至漳州刺史的程赟。这个名不列正史传记的人物，对我来说，却有着非同寻常的意义。在原闽王王审知故第、今福州闽王祠中，至今依然树立着一块恩赐琅琊王德政碑。碑立于唐哀帝天祐三年（906）十二月一日，上面刻有："今节度都押衙程赟及军州将吏、百姓耆老等，久怀化育，愿纪功庸，列状上闻，请议刊勒。"由此可见，程赟不仅是王审知的亲信，而且是建立这块王审知功德碑的首倡者。《闽国》第三章第七节写到暴君朱文进时，也提到他的名字。开运二年（945年）二月，拱宸都指挥使朱文进联手阁门使连重遇，弑杀闽主王延羲而自立。朱文进随后任命了一批重要的政府官员，其中包括漳州刺史程文纬。在脚注中，薛爱华特别标注："《新五代史》作'程赟'，我无法确定哪个是正确的。"[1] 实际上，程赟就是程文纬。在闽侯程氏的族谱中，他被称

---

1 《闽国》，页78。

为赟公，也就是入闽程氏的始祖。原来，闽国这段遥远的历史，与我家族的来历密切相关。

2018年春天，我正在忙着翻译《闽国》的时候，收到老家闽侯县甘蔗镇寄来的一本图文并茂的纪念册《瀛洲之光——纪念甘蔗程氏宗祠重建20周年》。[1]这本纪念册第71页至76页，即为《入闽始祖赟公传略及其史迹》，包括《入闽始祖赟公传略》、《闽侯县文物保护单位程赟墓》和《闽王祠琅琊王德政碑记述赟公事迹》。赟公死后，原葬于漳州，明代崇祯十七年（1644），迁至闽侯竹岐榕岸龙兴山，与甘蔗镇隔闽江相望。这本纪念册第25—29页还有多幅祭扫祖墓的照片，所谓"祖墓"，就是指赟公此墓。

人世间的事，往往并非偶然。我与薛爱华之间，特别是与他的《闽国》和《珠崖》之间，原来也有如此神奇的缘分。

程章灿

---

[1] 闽侯甘蔗程氏宗祠管委会编《瀛洲之光——纪念甘蔗程氏宗祠重建20周年》，2018年。

目　录

绪　言 / 23

第一章　自然景观 / 001
第二章　朝　堂 / 019
第三章　历　史 / 045
　　　　刺　史 / 047
　　　　藩　王 / 050
　　　　帝　王 / 053
　　　　　惠宗皇帝 / 055
　　　　　康宗皇帝 / 062
　　　　　景宗皇帝 / 068
　　　　　暴君（朱文进）/ 077
　　　　　投机分子（李仁达）/ 083
　　　　　军阀（留从效）/ 089
第四章　经　济 / 093
　　　　物产与贡品 / 095

　　　　　朝廷支出与赋税 / 105

　　　　　货　币 / 112

　　　　　对外贸易 / 114

　　　　　人口变化 / 118

第五章　艺　术 / 121

　　　　　建　筑 / 123

　　　　　其他各类艺术 / 130

　　　　　文　学 / 133

第六章　信　仰 / 139

　　　　　概　述 / 141

　　　　　佛　教 / 143

　　　　　道　教 / 150

　　　　　官方信仰 / 156

　　　　　摩尼教 / 158

　　　　　传说和民间信仰 / 159

基本参考文献 / 173

附录一　闽地图 / 177

附录二　闽国王氏世系表 / 178

附录三　正统年号与闽国年号对照表 / 179

出版后记 / 180

绪　言

在中国历史上，10世纪是最被忽视的时代之一。尤其是传统史学称为"五代"的这个时期，无论是中国学者还是外国学者，都不约而同地存在着重视不够的情形。研究这个复杂而又重要领域的历史与文化时，欧洲各种语言中可资利用的材料极为贫乏，这一点，只要扫一眼诸如哈佛燕京学社图书馆的藏书目录和亨利·柯迪埃《汉学书目》之类的书目，或者浏览各种中国通史中有关这一时代的相关章节，就很容易理解。之所以忽视这一时期，一方面是因为研究那些大一统的王朝对于学者有更大的吸引力，另一方面则是因为中文文献资料相对匮乏。但10世纪这一历史时期理应引起研究远东文明的历史学家的关注，以期揭示自晚唐至宋初这一时期历史事件与制度演进的连续性。在历史年代表中，将后梁与唐代隔开的那条黑粗线完全出自于我们的想象，这一点甚至比我们想象出来的赤道线更甚。举一个恰如其分的例子：节度使，我翻译为"Legate"，[1]"枢密使"，我翻译为"Chancellor"，[2]这两个官职在唐代起源不明，多数情况下，居此高位者都成了唐朝行将就木时掌握实权的人，在五代时期他们也处于政治中心。研究远东政治制度的学者，如果只关注这些官职在907年之前的演变过程，而忽视其后的发展变化，必将所获甚少。或者，当我们观察此前的历史，宋代雕塑艺术和文学艺术中有一些重要的因素，我们倾向于笼统地认为它们是从11世纪的天才们绝世聪明的头脑中迸发出来的，而且一出来就很成熟完备。事实上，它们早在五代时期就已经萌芽，并成为重要的形式。直线型"建筑风格"绘画——界画，就是其中一例，

---

[1] 对这一官职的演变简述，参见《新唐书》卷50，页3752a（所有页码均为开明书店"二十五史"本）。至10世纪初，任节度使意味着掌管一州最高军事和民政权力。
译注：此处《新唐书》英文原书作《唐书》。开明书店1935年刊印"二十五史"，书脊为"开明书店铸版"，全书共九册，第四册为《唐书》，第五册则为《新唐书》，然而作者所引《唐书》(T'ang shu) 指《新唐书》，所引另有《旧唐书》(Chiu T'ang shu)。下文作者称引《唐书》时，译者皆径改为《新唐书》。

[2] 这里我用的是魏复古的英文翻译。最初，枢密使是由得到皇帝授权的太监担任，接受表奏以上达皇帝。在10世纪，枢密使成为各国的最高行政长官，任职者不再限为太监。这一官衔的意义，通过研究在这一时期担任枢密使的官员的传记，可得到更好理解。参见《新五代史》卷24，页4416d，特别是《文献通考》（商务印书馆王云五版，上海：1935）卷58，页523。
译注：此处《新五代史》英文原书作《五代史》。《五代史》为开明书店"二十五史"本第五册，同册有《新五代史》，然而作者所引用《五代史》实指《新五代史》，引书另有《旧五代史》(Chiu Wu Tai shih)。因此，下文作者称引《五代史》时，译者皆径改为《新五代史》。魏复古（Karl August Wittfogel，1896—1988），德裔美籍汉学家。

众所周知是出自宋代及宋以后画家之手，其实却是郭忠恕在五代首创的。[1]

各种西方语言中对原始资料进行认真研究者，只有几篇关于五代时期的文章，且大多数失之简略。我所见到的唯一完整勾勒这一时期历史图景的是查尔斯·弼顿（Ch. Piton）发表在《中国评论》（China Review）第十卷（1881—1882）第240—259页，题为《中国历史的一页——通常所称"五代"时期概述》（A Page in the History of China, a Sketch of the Period Commonly Called the "Five Dynasties"）的文章。这篇文章根据《通鉴纲目》[2]等资料汇编，勾勒了那个时期的政治事件以及统治家族成员的生活经历，描述老套，但是即使这些内容，许多也是研究中国的学者所未知的。

幸运的是，近几年来，我们知识中的这条鸿沟已经被艾伯华（Wolfram Eberhard）[3]的劳动成果部分地填平了。他对10世纪华北社会学与政治经济学研究的贡献，值得高度赞扬。我这里只提他的两篇文章：《五代主要政治集团的构成》（The Composition of

---

[1] 见喜仁龙（Osvald Siren）《中国早期绘画史》，伦敦：1933，页132。
[2] 译注：指南宋朱熹所撰《资治通鉴纲目》，有北京图书馆出版社（现国家图书出版社）2003年版。
[3] 译注：艾伯华（Wolfram Eberhard，1901—1989），德裔美籍社会人类学家、民俗学家、东方语言学家，代表作有《中国民间故事类型》《中国通史》。

the Leading Political Administration during the "Five Dynasties"），发表在《亚洲研究》(Asiatische Studien)1/2(1947)，第19—28页；[1]《五代州级行政建制的社会学分析》(Some Sociological Remarks on the System of Provincial Administration during the Period of the Five Dynasties)，发表在《中国文化研究所集刊》(Studia Serica) 1948年第7卷，第1—18页。[2]他对这一时期中国北方少数民族特别是沙陀突厥人的研究，同样很重要。

然而，天命世代传递的正统观念，使得对北方五代的研究显得比较彻底，而相对而言，对中国中部与南方十国的研究则几乎完全被忽视了，十国所宣称的正统性，并没有得到其后的帝国官方史学家承认。我在本书中所专力研究的，乃是这些几乎不为人知的王国中的一个，在正史中，往往没有一句提到它，或者只有很短的一段记述。但在进入与闽国直接相关的问题之前，我要向那些在我之前已经踏平通往这一色彩斑斓之境的道路的学者们致敬，因为经过宋代征服者的践踏，这一时期已几乎消失于历史视野之中。我可能会漏掉一些人，在此谨向他们致歉。我注意到包腊（E.H.Bowra）的作品，他的论文《五

---

[1] 译注：《亚洲研究》(Asiatische Studien)，海西希主编，德国波恩大学出版。1959年开始刊行。该期刊重点为西藏、蒙古研究。
[2] 译注：《中国文化研究所集刊》(Studia Serica)，由华西协和大学中国文化研究所于1940年创办，编委会成员有吕叔湘、启真道、闻宥、韩儒林等，闻宥为主席。

代时期的广州刘氏家族》(The Liu Family, or Canton, during the Period of the Five Dynasties),发表在《中国评论》(China Review)1873年316—322页。这篇文章勾勒出了这个事实上垄断南亚及其周边水域大量贸易长达55年之久的王朝的历史概貌。学术意义更大的是沙畹(Edouard Chavannes)的精彩研究,即他在《通报》第十七卷发表的《吴越国》(Le royaume de Wou et de Yue)一文。最后,为我们展示了蜀国君主王建墓的考古学家和历史学家,他们凭这个规模宏大的发现也值得我们向其致敬。这个蜀国位于四川,曾为10世纪艺术家和诗人提供了庇护。[1]由于篇幅限制,我无法在这里提到所有有兴趣从历史废弃物中拼接出一幅所谓"十国"图画的中国学者们。但是,我必须向研究10世纪福建的前辈魏应麒致以敬意,他率先对王氏统治下的福建的文明展开详细研究,并在《国立中山大学语言历史学研究所周刊》上以《五代闽史稿之一》为标题发表了他的研究成果。[2]这篇论文完全是在讨论闽国的宗教和神话,其中大部分篇幅用来开列福建宗教建筑的目录,包括兴建时间以及其

---

[1] 相关报道可以在《哈佛亚洲研究学报》(Harvard Journal of Asiastic Studies, HJAS)第八卷(1944—1945)页235—240和《美国中国艺术学会档案》(Archives of the Chinese Art Society of America)第二卷(1947)页11—20上找到。
[2] 《国立中山大学语言历史学研究所周刊》,1929年某几期。
译注:魏应麒《五代闽史稿之一》刊于《国立中山大学语言历史学研究所周刊》第7卷总第75—78号(1929)。

他相关史实。同样是这位作者,还分析了在10世纪初流行的传统观念(这与王氏集团统治闽国的必然性有关)以及这种观念所依托的一般玄学理念。这段分析虽然篇幅不那么大,但价值却不容小觑。在研究闽国历史过程中,我时常引用这里面的一些材料,但我并不希望与魏先生在材料完整性上一争高下,这在一定程度上是因为有些材料对他而言是唾手可得,而对我来说却是求之不得的。我之所以有勇气赓续这一已有良好开端的研究事业,只是因为我不知道魏先生是否已续写他的《五代闽史稿》,也因为用英语来研究同样的课题是可取的。

说到原始材料,如果说有唯一应该参考的,那当然就是正史。而且,就众多中国历史研究而言,正史也确实给研究者提供了绝大多数有益的学术问题。然而就研究10世纪的十国而言,它只有第二手的参考价值。但是这个通例中,有一个重要的例外:那些与唐朝末代皇帝或宋代开国之君命运攸关的历史人物,传记叙述都比较充分,尽管这些传记更多见于新、旧《唐书》或《宋史》,而较少见于新、旧《五代史》。黄河流域正统帝国的历代统治者们,在新旧《五代史》中都有相当充分的记述,那些有幸在这一时期生活于北方的历史人物也同样如此,而南方诸国的皇帝们(这些统治者许多都自称为皇帝),在史书中却只有寥寥数笔,并且诸多轻蔑之辞。在新、旧《五代史》中,欧阳修所作《新五史》对这些分裂的王国描述较为充分，即使此书与其竞争文本[1]相比，可能有这样那样的一些缺点。即便如此，此书仍然受到《十国春秋》的作者、清初吴任臣的批评，认为其对十国着墨不够充分。《新五代史》有几处显眼的史实错误，例如欧阳修写到一位藩王，名叫王继恭，将其当作第二代闽王之子，然而有充分证据表明其为第二代闽王之幼弟。

薛居正《旧五代史》强调十国的不合法性，故提及其中的官衔与爵衔时，往往冠以"伪"字。更有甚者，这位史官不屑于使用十国的年号，而是使用五代皇帝的年号作为时间坐标轴。欧阳修为十国各自设立一卷（卷61—70），同时还有一个提纲挈领的年表（卷71），[2]而薛居正将其对十国君主的记述压缩到一卷世袭列传和三卷僭伪列传中。应该强调的是，两部关于这个时期的正史都没有叙述十国典章制度的"志"。写一部肤浅表面的政治史是相对容易的，相对而言，从众多史料中一点点儿搜集散落各处的信息，以便勾勒这些地区的社会、经济、文化生活，要艰难得多，往好里说，也必然充满缺漏和不确定性。

但是，确有一部可读性很强的史书，提供了有关10世纪这

---

1 译注：此处"竞争文本"指《旧五代史》中的对应内容。
2 译注：《新五代史》卷61—71分别为：《吴世家第一》《南唐世家第二》《前蜀世家第三》《后蜀世家第四》《南汉世家第五》《楚世家第六》《吴越世家第七》《闽世家第八》《南平世家第九》《东汉世家第十》《十国世家年谱第十一》。

些南方王国的大量信息，远远超逸那两部纪传正史，这就是司马光的《资治通鉴》。司马光是欧阳修的同时代人，在处理这一历史时期的不同地区和不同人物时，其公正性远超欧阳修。由于他的不朽之作填充了帝国各个地区的史实细节，我们才有可能十分客观地探究那个时期的正统王国与非正统王国。《资治通鉴》是我考察10世纪福建历史，特别是政治史和外交史领域时，极为重要的一种原始文献。

此外的材料极为有限，只有各种各样小书中零碎记载的材料，诸如有关名人怪癖的逸事掌故，其中许多显然旨在揭露那些意图挑战北方统治者公认权威的南方王国国君的轻浮举止与不伦之行。尽管如此，此类文献却提供了非常可观的材料，这些材料涉及宫廷节日、艺术、宗教生活，涉及指称常见事物的方言词、乡村习俗、民间传说以及其他许多事物，这些事物比起杀人奸臣与有德谋士的事迹或许更值得研究。除了这一批资料，还有碑传材料。这些材料不是太丰富，而且多数并非第一手材料，只保存在从10世纪到20世纪的学者的抄录中，然而，这些碑传材料却是不容忽视的，特别是它们能够补充重要政治家的职官与生平行事。为什么十国的史馆最终没有留下当代的历史，马令在其《南唐书》自序中解释了一部分原因。他指出，十国的朝廷事实上都设有史官，他以南唐为例说明这些史官的共同命运：在新建立的宋帝国的道德压力下，可能还有更多现实的原因，南唐那些品德高尚的史官焚毁了自己的手稿。

为英语读者撰写一部闽国的文化与政治史，最简易的方法莫过于将吴任臣（1628—1689？）[1]《十国春秋》中的闽国部分翻译过来。这部由负责《明史·历律志》的博雅数学家撰写的著作，共114卷，后来，周昂又增补了两卷新材料。吴任臣在序言中引征了较早的补史之作如《十六国春秋》等，以其为他编纂此书的先驱。西晋帝国瓦解之后占据中国北方的"蛮夷"自治政权，在晋代正史中记述不足，《十六国春秋》等旨在弥补这些不足。尽管吴任臣著作很有价值，但要核查其资料来源，仍很困难，而这一点是很重要的，因为他是在事件发生6个世纪之后才记述这一事件。因此，纵然《十国春秋》近来被许多作者作为一种主要而权威的文献来源而频繁引用，但我仍对使用其中的材料持谨慎态度，不管这些材料多有吸引力，除非能够查证出处，否则我不会使用。

本书的研究并不自诩已穷尽10世纪福建地区文明的每一个细节。这只是初步的研究，无疑充满谬误，但我希望它将有助于为未来如何研究一个完整的文化指明方向。

---

[1] 译注：刘文英《吴任臣生年及事迹考》（载《史学史研究》，2009年第3期，页113—115）考证吴任臣生卒年为1628—1689年，而吴超《吴任臣生卒年及其交友新考》（载《史志学刊》，2012年第3期，页53—55）考证吴任臣生卒年为1632—1693年。

第一章

自然景观

福建在气候上处于中间地带，境内大部分地区为热带或亚热带气候，混杂北部和西北部的温带地区，这使得其拥有了混合多样的动植物群落，有些类型与北方相同，有些类型与南方相同。为了给本书所描述的历史事件勾勒一个自然界的背景，我在此列举这一省份的植物和动物，特别是当时人提到的以及闽国诗人们写到的那些动植物。正是这些动植物在诗人们的想象中留下了深刻的印记。[1]人居之地，有梅树、李树、红梅树、桃树[2]、桂树、香

---

[1] 见《全五代诗》中有关闽国各卷，随处可见。关于福建自然地理与人文地理的详细记述，参见葛德石（G. B. Cressey）《中国地理基础》（*China's Geographic Foundations*），纽约与伦敦：1934，页10、12、24、71、121、334—336、339—341、346—347，以及弗洛伊·赫尔伯特（Floy Hurlbut）《福建人——人文地理学研究》（*The Fukienese, A Study in Human Geography*），1930年5月内布拉斯加州大学博士论文，1939年私人出版。

[2] 诗人韩偓住在一个名叫"桃林"的村庄，傍桃林溪。见《全五代诗》卷75，页1139。此地靠近泉州。

蕉、荔枝树[1]与杏树等漂亮的树木。在高山或寺庙，有各种松柏科植物，统称为松柏。诗人们在作品中提到过槐树、柳树、梓树、桐树与檀树。花卉繁多，随处可见，有牡丹[2]、芍药、玫瑰、蔷薇[3]、兰花、木槿花、木芙蓉、菊花[4]、鸡冠花[5]、荷花以及莲花。

与10世纪闽国诗人的作品相比，更为一般读者所熟知的是6世纪的江淹创作的一组《闽中草木颂十五首》[6]。他所赞美的15种他认为特别值得铭记的植物中，有福建最重要的林木之一——豫章[7]。《搜神记》提及三国时代建安有大樟树，[8]植物学家李时珍指出漳州是樟脑的主要产地，并且说樟脑类似"龙脑"。这就带来了一个问题，那就是闽国统治者们进献给北方的龙脑是货真价实的进口龙脑抑或只是本地所产的樟脑。[9]给闽国自然景观带来主

---

[1] 韩偓与徐夤皆曾写诗赞美荔枝，这是闽省的荣耀。韩偓有组诗三首，作于906年，即其甫抵福建之年，诗中大事赞美荔枝树之美。见《全五代诗》卷78，页1180—1181。
[2] 徐夤诗中常见此花。
[3] 909年，韩偓于沙县作《寒食日沙县雨中看蔷薇》，诗云"何处遇蔷薇"。《全五代诗》卷75，页1146。
[4] 这种植物在北方生长得更好。
[5] 此花来自印度，在中国被当成了园艺花种，见G. A. 斯图尔特（G. A. Stuart）《中药学》（*Chinese Materia Medica*），上海：1911，页101。
[6] 《江文通集》，"四部备要"，卷3，页21b—23a。
[7] 译注：豫章即豫樟，木名。枕木与樟木的并称，一说指樟木。《左传·哀公十六年》："子期曰：'昔者吾以力事君，不可以弗终。'抉豫章以杀人而后死。"
[8] 《搜神记》，"丛书集成"，卷18，页120。
译注：《搜神记》卷18："吴先主时，陆敬叔为建安太守，使人伐大樟树，下数斧，忽有血出，树断，有物，人面狗身，从树中出。"
[9] 见下文"经济"章。

要影响，并且受到江淹赞颂的其他当地植物，还有栟榈（棕榈的古称）、杉树（所谓"福州杉"，是现代木材的主要原料）、柽树、杨梅、木莲、石菖蒲、薯蓣。另外两种生长于福建，肯定能够吸引古今文人注意的树种，是皂荚和海棠，[1]前者据记载曾见于10世纪泉州的庭院之中。[2]

本地动物较少引起诗人们的注意，但猿猴在诗中相当常见，[3]熊也曾被提到。此外有证据表明，10世纪的福建还生活着大象，直到9世纪，这种动物在粤东仍然大量存在，潮州曾见象群，而潮州当时是与福建接壤的。[4]即使到了12世纪，1171年，潮州仍有数百野象践踏秋天的庄稼。[5]10世纪时，大象在扬子江（长江）流域也很常见。[6]因此，在闽王朝统治时期，福建山地中存在这种动物几乎是毋庸置疑的，但闽人并未如南汉君主那样将大象编入军队。[7]10世纪福建地区存在的其他大型哺乳动物中，最

---

1 徐铉《稽神录》，"丛书集成"，卷5，页46。
2 陈思《海棠谱》，"丛书集成"，卷上，页4。这位13世纪的作者转引了较早的材料。
3 参见徐夤关于武夷山猿猴的诗，《全五代诗》卷82，页1240。
4 刘恂《岭表录异》卷1，页8a。
译注：《岭表录异》卷1："广之属郡潮、循，州多野象。"
5 《文献通考》卷311，页2438。
译注：《文献通考》卷311："孝宗乾道七年，潮州野象数百为群，秋成食稼，农设阱田间，象不得食，率其群围行道车马，伍保积谷委之，乃解围。"
6 例如《宋史》卷1，页4498a、4498c。再如《文献通考》卷311，页2438。
7 见《宋史》卷481，页5699b。

引人注目的是老虎。明代的《虎荟》记载宋仁宗年间（1023—1063）漳州曾见老虎，8世纪晚期福州亦有老虎踪迹。[1]这个时期正好跨越本书的时代，显然，这种食肉动物一直盘踞在福建的山林，直至今日。栖息于闽地的鹿类不止一种。在下文的"经济"一章中，将会讨论一种身份未定的鹿——麞。如果本文所论无误，还要另外增加两种鹿。后周詹敦仁在其《泉州初建安溪县记》一文中，将两种本地特有之鹿——獐和麈视为大自然的恩赐。[2]獐是麝香鹿的一种，麈是麋的别称。[3]麋字现多用于指称马鹿（elk）或驼鹿（moose），但在以前是特指原产于华南，后来适合生活于沼泽地带的稀有麋鹿（elaphurus）种群。事实上，《辞海》引用《竹叶亭杂记》，大意是说"麈"就是现在的"四不像"，而"四不像"即被现代动物学辞典认定为麋鹿。作为本地数量最大的土著人群，福建人被外地人认为"坚忍、喜

---

1 陈继儒《虎荟》，"丛书集成"，卷4，页47、55。
译注：宋仁宗朝，从乾兴元年（1022，次年定年号为天圣）至嘉祐八年（1063）。英文原书标注年代有误。
2 《泉州初建安溪县记》，见《古今图书集成·职方典》，页1051。
3 《说文解字》。
译注：《说文解字》："麈，麋属，从鹿主声，之庾切。"段注："乾隆三十一年，纯皇帝目验御园麈角于冬至皆解，而麋角不解。敕改时宪书'麋角解'之'麋'为'麈'。臣因知今所谓麈，正古所谓麋也。"

讼，号难治"。[1]

闽国都城的真实面貌只有一部分能够重构，而且难度相当大。原因之一《舆地纪胜》已经阐明："钱氏内附，[2]（闽王宫殿）废彻无留者，独面衙门一殿，故址犹存至今。"[3]因此，宋代地志学者少所凭依，现代学者更是无能为力。尽管如此，勾勒出这个都城的一些特点还是有可能的，即使它们的相对位置关系经常弄不清楚。

随着朝代的更替，这个城市不断扩大规模，修建了更新、更宽广的城墙，新的城墙将其他旧城墙遗存包在里面。最早的城墙称为"子城"，始建于3世纪，[4]唐代时扩建。[5]901年，王审知修筑了一座外城，名为"罗城"（"罗"是"包罗"之意？），这也成为此城的主要防御壁垒。数年后，在罗城以南、以北又修筑了

---

1 陈师道《后山谈丛》，"丛书集成"，卷4，页33。此书作于11世纪，但包含五代时期的逸事材料。
译注：陈师道撰、李伟国点校《后山谈丛》卷5："闽中诸县，多至十万户，坚忍、喜讼，号难治。"北京：中华书局，2007，页70。
2 也就是说，吴越国君于947年夺取福州，后将其领地献给宋朝。
3 《舆地纪胜》卷128，页14a。
4 地图见王应山《闽都记》（1612年写成，1831年再版）。
5 《乾隆福建通志》，卷6，页1b。
译注：薛爱华英文原书将1737年（乾隆二年）谢道承修《福建通志》简称为FCTC2（《福建通志》2），将1829年（道光九年）陈寿祺修《福建通志》称为FCTC1（《福建通志》1）。为行文简洁明了，译文中分别改称《乾隆福建通志》和《道光福建通志》。

"夹城"，也称"月城"。[1]同时代人的文献中经常提到的城门，往往无法确定属于哪个城墙，但最重要的几个城门很可能都属于罗城。面向东西南北四个主要方向各有城门，其他城门间杂其中。[2]城墙三面朝向闽江支流，只有北门几乎可以确定朝向旷野。

四个主要城门中，最具有战略意义的是西门，攻击者往往在西门投放大部分兵力。927年一月，王延钧攻打王延翰，王延禀从建州来增援王延钧[3]，王延禀的援军便是攻打西门，最终破城而入。[4]931年，当王延禀再次从建州带来他的舰队时，这一次他的对手是同父异母的兄弟——王延钧。他指挥部队主攻西门，而派其子王继雄攻打东门。[5]这个回合，与王继雄对阵的是楼船指

---

1 《乾隆福建通志》（卷6，页1b）认为此城修建于909年，但《闽都记》地图上标注为907年。
2 根据《乾隆福建通志》（卷62，页1b），子城原城门名称分别为：康泰门、宜兴门、丰乐门、安定门、清泰门、虎节门。罗城城门名称分别是：永安门、利涉门、海晏门、安善门、通津门、清远门。据《道光福建通志》（卷17，页4b），康泰门（东）与安定门（东南，又作"定安门"）为王审知所建。永安门在北，利涉门在南，海晏门在东，安善门在西北，通津门在东南，清远门在西南。同书还增补了城东北的延远门，但西面无门。
3 译注：英文原书索引中将Wang Yen-chün的中文名写作王延政，误。
4 《资治通鉴》卷275，页13a。下文"朝堂""历史"两章对这些人物和事件会有更充分的描述。《资治通鉴》中只以方位即"东门""西门"指称其主要城门，而没有使用在地方志中保存的那些城门名称。
译注：《资治通鉴》卷275："是夜，延禀帅壮士百余人趣西门，梯城而入，执守门者，发库取兵仗。"
5 此处相关文献记载互有龃龉，《资治通鉴》言"东门"，而《新五代史》谓继雄攻击南门。

挥使王仁达,由此可以推定,流过东门的水一样能够流到西门。[1]关于这场战役,有一个版本说,王延禀是在南台江的一条船上被杀死的,[2]而南台江是闽江流经城南的一段。[3]其后,王延羲于940年在福州西面又修建一道城墙,以加强对王延政的防御。[4]943年五月,当王延政的部下攻打福州城时,史书告诉我们,王延政部下"入其西郛",但最终被击败溃逃。毫无疑问,"西郛"指的就是这个外城城郭。[5]再后来,946年九月,南唐军队自王延政手中夺取建州之后,接着攻打福州,并且成功攻下"外郭"。这也可能指的是王延羲所建的西郭。[6]最终,南唐军队在闽国叛徒带领

---

[1] 《资治通鉴》卷277,页12a—b。《闽都记》所载福州城地图,显示有一条水流环绕除北面以外的三面城墙,水流沟通西湖与东湖。此水一定也直接通往闽江。
译注:《资治通鉴》卷277:"癸卯,延禀攻西门,继雄攻东门;延钧遣楼船指挥使王仁达将水军拒之。"
[2] 《五国故事》卷下,页6b。关于王延禀之死,标准版本说他在逃走时被士兵从一个谷物量器中捉住,后来被斩首。见《资治通鉴》卷277,页12b—13a。
译注:《资治通鉴》卷277:"延禀方纵火攻城,见之,恸哭;仁达因纵兵击之,众溃,左右以斛舁延禀而走,甲辰,追擒之。"按:文中所谓延禀死于自己船中,见《新五代史》。
[3] 见《道光福建通志》卷9,页23b。关于南台江水道,齐召南《闽江诸水编》有完整的描述,见《小方壶斋舆地丛钞》本,页3a。据说前越王曾在此江中垂钓,钓得一条白龙。见《舆地纪胜》卷128,页13b,以及《太平寰宇记》卷100,页4a。因此,南台江又称钓龙江。见《闽县乡土志》页305a。
[4] 《资治通鉴》卷282,页12a。
译注:《资治通鉴》卷282:"秋,七月,闽主曦城福州西郭,以备建人。"
[5] 《资治通鉴》卷283,页11a。
译注:《资治通鉴》卷283:"殷将陈望等攻闽福州,入其西郛,既而败归。"
[6] 《资治通鉴》卷285,页5b。《乾隆福建通志》(卷6,页1b)记载,吴越国又加筑东西夹城,不过,这是后来的事。

下，穿过马牧山[1]，到达通往善化门的大桥，而善化门似乎是都城西面某一个城门的名称。[2]

前文已述，王继雄在攻打东门时遇到一支水军的抵抗，由此可以推断出，从闽江也是可以抵达东门的。这种推断可以从945年发生的一个事件中得到证实：这一次，王延政指挥其水军攻打东门，[3]这个城门，或者靠近它的那个城门，名叫东武门。946年十二月，吴越军队应李仁达之请，自嶜浦来，入福州城，助其抵御南唐的威胁，然而他们的行进却被先期占据东门的南唐军所阻。[4]

关于南门，我们所闻甚少，史书亦未提及其名称。然而，947年四月，又一支吴越水军抵达福州，于白虾浦登岸，与都城内突围而出的部队联合起来攻打唐军，并将唐军击溃于城南。可见，虽然南门可由水路抵达，但城墙与护城河之间仍有一片平地难以逾越。吴越水军陷于泥淖之中，面对唐军布置在城墙之上的弓箭，即使铺上凉席，也无法登陆。[5]

关于北门，只有两处文献提到。一处提到945年夏天，王延

---

[1] 马牧山在越王山西坡，越王山在城北，见《道光福建通志》卷5，页2a。
[2] 《资治通鉴》卷285，页9b。奇怪的是，《乾隆福建通志》与《道光福建通志》中都未有此城门名。参看第8页注2。
[3] 《资治通鉴》卷284，页16b。
[4] 《资治通鉴》卷285，页12a。
[5] 《资治通鉴》卷286，页13b。

政攻打福州城时，守城军队在西门和北门扎营防守；[1]另一处是939年，当闽主王继鹏及其家族逃离都城时，出北门，逃避至梧桐岭。[2]就后一种情况来说，由于文献并未提到皇室家族乘船出逃，或许可以推测他们是陆路出行，也可以推测当日的福州郡城，也与今日一样，并未完全被水环绕。

城区内还有其他的门。宋代人所知道的有六个：紫宸门、启圣门、应天门、东青门、安泰门和金德门。[3]这些城门是通往皇城的必由之路，而皇城就是城中之城。紫宸门的命名效仿唐朝长安的紫宸门。正是在此座门外，不幸的王延翰在刽子手的剑下结束了自己的统治。[4]启圣门是935年李仿乱党攻打皇宫的现场。[5]启圣门和应天门都在这个时候被叛军焚毁。《闽都记》中的福州

---

1 《资治通鉴》卷284，页16a—b。
2 《资治通鉴》卷282，页5a—b，6a—b。又见《金凤外传》。这个山脉在侯官县，见《道光福建通志》卷5，页18a。 福州被分为若干区域，福州府治由两个部分组成，即西边的侯官县和东边的闽县。
译注：《道光重纂福建通志》卷5"侯官县城外山川"条下有"（通谷山）北有梧桐岭"。（五代晋天福四年，闽乱，王昶出北关至此，为众所杀。）
3 《舆地纪胜》卷128，页14a。"金德"指西方。
译注：金德为五德（金木水火土）之一，金代表西方。
4 《资治通鉴》卷275，页13a，及胡三省注。
5 《资治通鉴》（卷278，页16a—b；卷279，页21a—b）及《新五代史》均记述了发生于此门的这一事件和其他事件。
《新五代史》卷68："继鹏，鏻长子也。既立，更名昶，改元通文，以李仿判六军诸卫事。仿有弑君之罪，既立昶，而心常自疑，多养死士以为备。昶患之，因大享军，伏甲擒仿杀之，枭其首于市。仿部曲千人叛，烧启圣门，夺仿首，奔于钱塘。"

城地图显示，紫宸门是进入皇城的主要通道，左右两侧是启圣门和应天门。地图显示，安泰门和金德门与任何城墙都不相连，独立在城墙东门和西门入口之内。《闽都记》还指出，都城中央的镇闽台是在闽王朝时期建立的，但我未见到同时代的文献提及此台。[1] 我无法确定东青门的位置，尽管顾名思义，它应该是在此城东面某处。

都城最大的市场称为"无诸市"，"无诸"是此地历史上有名的一位国君，他的王国最后为秦始皇帝所向披靡的军队所灭亡。此处也是王延禀被其复仇的兄弟、未来的惠宗枭首暴尸的所在。[2]

都城的主要港口简称"海门"，我仅在文献中见到一次。这里是933年后唐使者登陆之地，胡三省定位其在城南岸边，临近福清县。[3] 都城附近曾有一个港口，是王审知在唐朝最后几年所建。此地旧名黄崎，属于闽县，危岩巨浪，颇碍行船。据说来了一场大风暴，把这些障碍全都摧毁，其后王审知将此处改建为人

---

1 《闽都记》卷3，页1a。据《道光福建通志》（卷17，页5a），此台建于953年，扮演着守护闽国的象征圣山的角色。
2 《五国故事》卷下，页6b。《资治通鉴》（卷277，页13a）记王延禀在市场被处决，但如前所述，《五国故事》记载他是在自己的指挥船上被杀的。"无诸王"见《汉书》卷95，页0604d。
3 《资治通鉴》卷278，页5a。
译注：《资治通鉴》卷278，"唐册礼使裴杰、程侃适至海门"。

工港口，并命名为"甘棠港"。[1]

有几处水上园林，其始建都可归功于闽国统治者，或者至少他们有修缮之功。其中一处叫作禊桑溪[2]，是王延钧为满足其宠妃金凤的享乐需要而重修美化的。[3]此外，位于闽县县治以西约二里的西湖，虽然晋朝时即已存在，王延钧也重新整修过。[4]这里也是他的美妾最为钟爱的乐游园，她在一首诗里写到，西湖因盛开的荷花而变成了红色。[5]在夏天的端阳节（五月五日，又称端午节）期间，王延钧在西湖安排数十条彩舫，每条船上有二三十名宫女。金凤的诗句告诉我们另有一个南湖，那是这些游船竞渡的地方。两个湖都有一个湖心岛，女诗人写道，"青蒲紫蓼满中洲"。[6]蘸月池离城区较远，旁边是雪峰[7]。这里有一株古杉[8]，据说

---

1 《新五代史》。《舆地纪胜》卷128，页10a。奇怪的是，《明一统志》（卷78，页36a）记载这个港口位于福建省遥远的东北部，即后来的福宁府。
2 "禊"原指在水边举行洒水以祓除不祥的祭祀，但早在汉代，它就开始变成正式节日，而没有什么特别的宗教意义。见《史记》卷49，页0166b。
3 《金凤外传》。
4 《舆地纪胜》卷128，页8a—b。《闽都记》卷15，页1a。
5 《金凤外传》。她的诗保存在《全五代诗》卷87，页1329。
译注：此诗题为《乐游曲》："龙舟摇曳东复东，采莲湖上红更红。波淡淡，水溶溶，奴隔荷花路不通。"
6 《金凤外传》。
译注：此诗为《乐游曲》其二："西湖南湖斗彩舟，青蒲紫蓼满中洲。波渺渺，水悠悠，长奉君王万岁游。"
7 《舆地纪胜》卷128，页12b。原文作"云峰"，但我认为应是"雪峰"之误。
8 "杉"一般用来指柳杉（cryptomeria），但在福建更多用来指森林树种的杉木（cunninghamia）。见G. A. 斯图尔特《中药学》，页134。

是王审知亲手所植，宋代时还活着。

这一时期有关建州的信息更少。我们知道的是，这个城市有城墙环绕，城墙至少两面临水。940年，当王延羲发兵攻打建州的王延政时，攻打城南和城西的士兵都发现自己和攻击目标之间被水隔开，士兵转而焚毁那些不幸居住在城外的平民的房屋。[1]城北的情形弄不清楚，但很明显那里并没有河流。在上文提及的战役中，王延羲的部分军队在建州城北的茶山被击溃，毫无疑问，他们遭到了守城军队的还击。[2]战役的最终胜利是在另一次突击后取得的，获得这场胜利，靠的是河对岸的攻击者自以为高枕无忧。王延政派出敢死队，乘夜涉水渡河，突袭围城军队的营帐。[3]虽然此役王延政击退了其兄，但次年，即941年，他还是采取措施，在建州城修筑了方圆二十里的另一道城墙，以增强防御能力，应对将来可能的攻击。[4]

值得一提的是，虽然在闽江中，大船只很难通航，但有几次，它能将建州的水军舰队运至河口。因此，当王延禀来到

---

1 《资治通鉴》卷282，页9a—b。
译注：《资治通鉴》卷282："二月，曦遣统军使潘师逵、吴行真将兵四万击延政。师逵军于建州城西，行真军于城南，皆阻水置营，焚城外庐舍。"
2 同上。这是一个很著名的产茶区，见《舆地纪胜》卷129，页6b。
3 《资治通鉴》卷282，页9b。
译注：《资治通鉴》卷282："丁丑，王延政募敢死士千余人，夜涉水，潜入潘师逵垒，因风纵火，城上鼓噪以应之，战棹都头建安陈海杀师逵，其众皆溃。"
4 《资治通鉴》卷282，页14a。

福州，与其养兄王延钧一起攻打闽主王延翰时，他"顺流先至"。[1]问题的关键在于，王延钧的船只需要从泉州渡海而来。王延禀稍后又攻打王延钧本人，派了一支水军顺流而下。[2]历史同样清晰的是，战船也曾在闽江逆流而上，因为我们读到，942年，王延政曾派舰队击退从福州来犯的敌军。[3]这次战役可能包含了一次两栖作战行动，但王延政所设想的更可能是一次"舰对舰"行动。为完成后一种行动，他在945年一月发"战舰千艘"攻打福州。[4]时至今日，测量这些"战舰"的尺寸已不可能，但它们或许并不庞大，因为在福州和建州之间的航线上有诸多险阻。

泉州虽然人口已相当稠密，但相较于福州和建州而言，此时仍居于次要地位，且当时的记载很少提及它的客观面貌。10世纪初年，王审知修筑一道城墙即子城，城门名称为行春、崇阳、肃清和泉山，分别居于东、南、西、北四个方位。包围了更大城内空间的城墙，是留从效所修建，他在王氏家族土崩瓦解后，夺得

---

[1]《资治通鉴》卷275，页12b—13a。此节胡三省注云："自建溪顺流东下福州，水路萦纡几数百里，而水势湍疾，轻舟朝发夕至。《九域志》'建州东南至福州五百二十里'，盖言陆路也。"
[2]《资治通鉴》卷277，页12a—b。
[3]《资治通鉴》卷283，页4a—b。
[4]《资治通鉴》卷284，页8b。

第一章 自然景观 015

了福建南部的统治权。[1]事实上，10世纪泉州的大部分建设工程，都是留姓军阀所为，[2]虽然有些建筑会让人记起王氏宗族成员，例如，法云寺就是由泉州刺史王延彬所建。[3]

逐一列举福建的山岳，恐怕会劳而无功，想要探究这些山在10世纪时的名字，或许需要专门写一部专著。有些山与闽国统治者的名字紧密关联，因此值得一提。有座山峰位于侯官县境内，从都城可以望见，夏天在月光映照之下，很像被雪覆盖。这座山便是由闽王朝的建立者——王审知所命名的，王审知说"可名曰雪峰"。[4]此山为人铭记的另外一点是，山上寺庙僧人卓岩明曾于945年短暂地被拥立为闽国皇帝，成为李仁达操控下的傀儡。[5]同样也在福州的闽县，有一座凤池山，山上有座同名的寺庙，据

---

1 《乾隆福建通志》卷6，页1b。
2 见《泉州府志》，随处可见。
3 不要把王延彬与王延禀混淆。《泉州府志》(卷16，页29b)中"延"误为"廷"。此寺山门有题额曰"栖隐"。参见杨衒之《洛阳伽蓝记》(卷2，页4a)中"居隐"一词，原指一个住在山上隐居的和尚。
4 《舆地纪胜》卷128，页7b。此山距福州城一百八十里。见《道光福建通志》卷5，页18a。
5 《资治通鉴》卷284，页14a—b。
译注：《资治通鉴》卷284："(李)仁达欲自立，恐众心未服，以雪峰寺僧卓岩明素为众所重，乃言：'此僧目重瞳子，手垂过膝，真天子也。'相与迎之。己亥，立为帝，解去衲衣，被以衮冕，帅将吏北面拜之。然犹称天福十年，遣使奉表称藩于晋。"

说是王审知和他的夫人任氏的埋葬之处。[1]福州西南的一座山上，一位不知名的王室成员修建了一个文殊台，由四座按东西南北基本方位排列的台拱卫，因此，这座山遂以"五台山"而为人所知。[2]建州附近有座"铁狮岭"，据说王氏家族占据闽地那天，此山忽然出现神奇的"紫芝"。[3]很显然，铁狮岭与铁狮顶是一处地方，铁狮顶位在建州城南三里，山顶有庵，庵中有铁铸的文殊菩萨骑狮像。[4]汀州也有一座山和皇族王氏有关联，但与这座山有关的宗教不是佛教。这就是玉女山，在长汀县南十五里，闽国皇帝之女曾在此山修真，故名玉女山。[5]

---

1 《舆地纪胜》卷128，页11b。《道光福建通志》（卷39，页16b）记王审知墓在莲华峰下，但此书别处又称莲华峰只是王审知遗体最后一处安葬之地。宋初，凤池山归侯官县管辖。《道光福建通志》卷5，页21b—22a。
译注：《舆地纪胜》卷128："凤池山，在闽县，有凤池寺。按《十国纪年》，闽王葬夫人任氏于闽县凤池山，后忠懿亦葬焉。"
2 《舆地纪胜》卷128，页12b。
3 《舆地纪胜》卷129，页7a。又见《道光福建通志》卷11，页5b。
4 《舆地纪胜》卷129，页9a。然而，我们却不知道这些铸像是否可以追溯到10世纪。
5 《舆地纪胜》卷132，页6a。

第二章

朝　堂[1]

---

[1] 我把有关闽国著名人物的逸事材料、传记材料和社会材料都安排在本章，这些材料不适合放在专论政治史和经济情况的其他各章。

9世纪末期福建闽国的建立者王氏兄弟，本是光州固始县农民之子，其地今属河南。[1]王氏兄弟起于草莽，以盗贼身份而成功晋身，或者用好听一点的话来说，他们是自由的雇佣军，但是他们最终将闽地富饶的土地和优良港口据为己有，并将其作为不动产传于诸多子孙。很多年后的945年春天，李仁达，这位曾短暂继承王氏兄弟遗产的狡黠的投机主义者，用这样的语言来描述这三兄弟："昔王潮兄弟，光山布衣耳，取福建如反掌。"[2]

　　王氏三兄弟的名字分别为：王潮、王审邽[3]和王审知。在他们的行伍生涯中，早在永久定居福建之前，他们就被战友们合称

---

[1] 《新五代史》。王氏兄弟的父亲名叫王恁，妻董氏。
[2] 《资治通鉴》卷284，页14a—b。
[3] "审邽"，有碑文作"审邦"，但史学家一致认为应作"审邽"。《五国故事》径称为"邦"，其墓在晋江县。见《道光福建通志》卷42，页9a。

第二章　朝　堂

为"三龙"。[1]

有关王审邽，我们所知甚少，知道他除了"喜儒术"，还庇护过当时来闽避难的文人。[2]

王潮，字信臣，在王氏三兄弟中最长。他在历史上留下了较为完整的记载，但除了记载他以泉州刺史的身份，成为被合法授予福建官职的第一位王氏家族成员这一重要事实之外，其他信息很不充分。他的仕途始于固始县县史。[3]后来攻克泉、漳、汀、福、建五州，同样也归功于他。他的部队据说军纪严明，并非蛮横暴虐之徒。[4]但是，他从未登上王位，他把这个荣誉留给了自己最小的弟弟、闽王朝真正的建立者王审知。王潮死后被追赠司空，葬于泉州南安县龙盘山下。[5]著名诗人黄滔曾写过一篇纪念

---

[1] 《五国故事》卷下，页5a。《长乐县志》（卷10，页2a）记载王审知有一幼弟，名叫王想，他与王审知一起从固始来到福建，并被任为长乐县令，但我未见其他文献提及此人。
译注：《崇祯长乐县志》卷10"王想之从兄审知而来也，以大夫而摄邑政"，又卷5"王想从兄审知节度闽部，摄令长乐"，又卷3"王想，河南固始人，随兄审知入闽，以银青光禄大夫上柱国摄县政"。由此可知，王想当为审知从弟，而非幼弟。
[2] 《新唐书》卷190，页4075c。审邽字次都。
译注：《新唐书》卷190："审邽，字次都。为泉州刺史，检校司徒。喜儒术，通《书》《春秋》。善吏治，流民还者假牛犁，兴完庐舍。中原乱，公卿多来依之，振赋以财，如杨承休、郑璘、韩偓、归传懿、杨赞图、郑戬等赖以免祸，审邽遣子延彬作招贤院以礼之。"
[3] 县史，《资治通鉴》卷254及《旧五代史》作"县佐"。
[4] 《新唐书》卷190，页4975b—c。
[5] 《新唐书》卷190，页4075c。

他的碑文，明代下令每年到其墓前祭祀。[1]

　　王审知字信通[2]，但军中将士皆呼其"白马三郎"，因为其惯骑一匹白马。[3]据说他长相雄伟，方口，高鼻梁，传统上认为这些外貌特征与长相雄伟是联系在一起的。[4]他身高七尺半。[5]在开始自己的冒险家生涯之前，他的事迹毫不为人所知。[6]终其兄王潮一生，王审知事兄忠诚，即使因有过失而受兄捶挞，他也从未表示不满。[7]他执掌大权后，也从未放弃在军营中养成的朴素生活方式。他的节俭是众所皆知的。作为闽国国君，他坚持穿麻鞋，坐在从未修缮过的简陋宫室里处理公私事务。[8]有一个很典型的故事：有一次，他的丝绸裤子破了，他随手从滤酒的布袋

---

[1]《道光福建通志》卷42，页24b。《乾隆福建通志》（卷15，页6b）载"水西大王庙，在郡治内，闽王审知建以祀其兄潮"。同卷又载有王刺史祠，泉州人建祠以祀之，此祠是宋代重建。见《乾隆福建通志》卷15，页19b。
译注：黄滔所撰王潮碑文或墓志，未能检得。《全唐文》黄氏有多篇佛塔碑记提及"我威武军节度使相府琅琊王公"，如《全唐文》卷825《大唐福州报恩定光多宝塔碑记》，薛爱华所称黄滔碑文或指此。

[2]《新五代史》。

[3]《新五代史》。"三郎"是因为他排行第三。《乾隆福建通志》（卷3，页2b）载"白马三郎"在东山溪流中钓鳝，因此这条溪被称为"鳝溪"。

[4]《新五代史》。《册府元龟》（卷220，页4a）于"方口"之前多"紫色"二字。

[5]《册府元龟》，卷220，页4a。

[6]《南唐书》卷28载其"世为农"，其文本实与《新五代史》所记相同，《新五代史》多"恁"（审知父名）字，显然《南唐书》删去此字。尽管如此，但审知很可能仍在其父的土地上劳作。

[7]《资治通鉴》卷261，页8b。

[8]《资治通鉴》卷267，页9a。

上撕下一块布来补裤子。[1]尽管他前半生以盗贼为生,但却不残暴,事实上,他"宽刑薄赋"[2],而且全力追求优雅的举止,珍视与文士学者的交往。[3]他的美德为后世所称扬,也引起了唐王朝的注意,因此朝廷下令在侯官县王氏家庙中为王审知立碑,以表彰其功德。[4]获得这一殊荣以及后来的其他恩遇,[5]原因主要是他在大唐王朝日薄西山时仍然忠心不二,虽然此时他自己完全可以保持不容置疑的独立和尊严。925年他去世时荣耀满身。其后数年间,他的遗体被数次移葬,但其最终的长眠之地据说是在侯官县的"莲华峰"。[6]传说这位国王的墓曾在1429年被盗掘,金手镯、玉腰带、玻璃碗和王审知画像都被盗走。[7]

王审知的一些战友,只能根据这些人的坟茔位置而确定,[8]但关于他的几个追随者,我们略知一些。他有一个侄子,幼而孤,

---

[1] 《五国故事》卷下,页5b。
[2] 《资治通鉴》卷267,页9a。
[3] 《新五代史》《册府元龟》等文献都记载了他白手起家的历程。
[4] 《道光福建通志》卷39,页26b。这就是905年立于庆城寺附近的德政碑。碑文为礼部侍郎于兢所撰。碑的照片见常盘大定《中国佛教研究》卷2,东京:1941。
[5] 例如,他的墓前立有琅琊郡王王审知神道碑。见《道光福建通志》卷39,页27a。
[6] 《道光福建通志》卷39,页26b。
[7] 《闽都记》卷25,页3b—4a。据记载,王审知墓旁有一山丘,土色深红,百姓称为"胭脂山",王审知有一女葬于此。土的颜色是她洗掉的胭脂所染。更多关于这个地方的传说,见同书页4b—5a。
[8] 例如牙将虞雄,他为王审知作战而死,被埋在福清县的苏田里。见《道光福建通志》卷40,页10a。

由他抚养成人并视如己出。这个侄子奉献其前半生,力求让王审知更有道德号召力。这个年轻人名叫王延嗣,是一位正统而纯粹的儒家。他曾试图劝说王审知不要接受"僭伪"的后梁的册封,他甚至提议南方诸国联合起来,共同恢复李唐王朝。他指责王审知遣使渡海向后梁纳贡,称这是浪费民脂民膏,尤其是许多财物都在海难中丢失。他的这些建议,就像他曾试图劝说其养父不要支持佛教一样,都未被成功采纳,但至少他与王审知最后决定不篡夺大唐帝国的尊严是有关系的。在王延翰即位之后,他隐居于延平附近的山里,改姓为唐,以纪念前朝。南唐攻陷闽国西北部之后,他以教授儒家经典为业,最终入宋,任职于宋廷。[1]

另一位王氏家族成员,是王审邽之子王延彬,他继任其父在这个南部港口城市的职位。虽然从政治史角度来看他并不重要,但是,他鼓励泉州港开展国际船运,却值得铭记。他被人们记住,主要是因为他骄奢淫逸的生活以及对文学之士的庇护。当他饮酒过度,不堪其苦时,他会往身上倒几斗龙脑,然后就能睡到次日正午。究竟是这种昂贵的解药让他一睡至斯,还是单纯因为他睡眠质量高,我们今天无法确知。他以"云台侍中"的名号被

---

1 王延嗣的传记,见存于《道光福建通志》卷171,页1b—3b。

后世记住,因为他被葬在云台山。[1]

王延翰,字子逸,王审知长子,他是王氏家族中第一个公开追求皇位的人。据记载,他身材高大,"美晳如玉"[2]。他的品行似乎不及其长相,因为史书描写他"骄淫残暴"[3],并且确实也有他骄奢淫逸的证据。他蔑视他的弟弟们,尤其是泉州刺史[4]、后来的闽国皇帝王延钧,以及建州刺史王延禀。他与王延禀失和,源自他要求王延禀为他搜罗美女以充后宫。[5]这个要求与他的"多选良家子为妾"的政策是吻合的。[6]王延翰酷爱年轻美丽的女子,对那些被他选中的女子而言,这却是不幸。其妻崔氏,据说既丑且淫,为人残忍,她忌恨丈夫在王审知死后就冷落了自己。据记载,她把那些长得最漂亮的对手幽系于别室,给她们戴上脚镣,用木板雕刻成人手的形状,击打她们的面颊,还用铁锥刺扎她们。据说她还将其中一些女子用白练绑缚起来鞭打,直到鲜血染红白练方才作罢。据说,在这些暴行之下,一年之内,就有84

---

1 《五国故事》卷下,页9b—10a。《道光福建通志》(卷42,页19a)记其墓在南安县清歌里。这两个地名无疑是同一个地方。
2 《新五代史》。
3 《资治通鉴》卷275,页11a。
4 历任泉州刺史分别是王潮、王审邽、王延彬、王延钧。
5 《新五代史》。《资治通鉴》卷275,页12b。
6 同上。

名女子丧命。[1]甚至有人说正是这个泼妇用毒药害死了王审知。[2]关于她的死有两种说法，都符合恶有恶报的原则。一种说法是她被晴空雷霆击毙，[3]另一种说法是她被邪祟索命而亡。[4]

王延翰抛弃乃父那种朴素的生活方式，正式自立朝廷，并自封为闽王，他所实行的各项礼仪制度，都是依照真龙天子的标准。但是，他的部下还是称呼他为"殿下"。[5]这个可耻的君王在位时间很短就被他的弟弟们杀死，埋在都城西南的太平山，这一时期许多著名人物的墓地都在这里。[6]

死后被追谥为闽惠宗的王延钧，为人野心勃勃，骄奢淫逸，至少在其晚年时期，患有癫狂病。他常被历史学家拿来与其父王审知对照，尤其是他在宫室建造上耗费巨大。[7]他的王宫完全按照帝王的标准来修建，府库中备有帝王典仗。[8]但是，他即位之后"追尊父祖"，只"立五庙"，这似乎体现了他的些许谦逊，尽

---

1 《新五代史》。《五国故事》卷下，页5b。
2 《五国故事》卷下，页5b。《资治通鉴》卷275，页13a。
3 《五国故事》卷下，5b。
4 《新五代史》。
5 《资治通鉴》卷275，页11a—b。
6 《道光福建通志》卷39，页17a。
7 《资治通鉴》卷278，页6b。
译注：《资治通鉴》卷278，"初，闽王审知性节俭，府舍皆庳陋；至是，大作宫殿，极土木之盛"。
8 《资治通鉴》卷278，页5a。
译注：《资治通鉴》卷278，"闽人有言真封宅龙见者，闽王延钧更命其宅曰龙跃宫。遂诣宝皇宫受册，备仪卫，入府，即皇帝位，国号大闽，大赦，改元龙启；更名璘"。

第二章　朝　堂　027

管按照周制，天子立七庙，诸侯立五庙。[1]他追谥父祖，看似符合礼制，然而据一则逸事记载，节制有度、忠于唐朝的王审知曾托梦谴责王延钧以皇帝御服披在审知庙上。[2]又据说王延钧最初打算使用"闽国皇"这个简略的称号，走中庸的路线，但遭到翰林院学士周维岳谏阻，周维岳说，如果可以简称"闽国皇"，那么他也可以用"翰林学"的称号了。[3]如果这是谦逊的话，那么，这与王延钧礼敬邻国的国策也算得上一以贯之了，这一国策乃是有鉴于本国地处偏远，国境狭小，也使闽国在王延钧统治期间和平安定。[4]王延钧似乎对其庶母、王审知的妃子黄氏产生了感情。[5]传说王延钧曾造访她的家乡，并赐其地名为"锦里"。这个村子

---

1 《资治通鉴》卷278，页5a。关于祖庙的规制，参见《礼记》（"四部备要"本）卷12，页8a。祖庙的正确数量应该是多少，在唐初是有争论的话题。见《通典》（商务印书馆，1935）卷47，页269c—270a。但是，一般认为七庙是正确的，如果已知的男性祖宗人数足够的话。王延钧或许并没那么自谦，他只是弄不清他的远祖的名字。
2 《五国故事》卷下，页5b。
3 《五国故事》卷下，页6a。此处依据材料来讲述此事，但我极为怀疑材料的年代有错误。王延羲在941年八月登上皇位，自号大闽皇。更重要的是，周维岳是这个皇帝宠信的近臣，其他材料都未提到他与王延钧的关系。
译注：《五国故事》卷下："钧初议僭号，不欲兼尊，欲为闽国皇。伪翰林学士周维岳进曰：'陛下俗称国皇，臣亦止称翰林学。'"按："闽国皇"省去"帝"字，如同"翰林学"省去"士"字。
4 《资治通鉴》卷278，页5a。这一表述有一个例外，那就是933年淮南吴军不俟朝命，围攻建州。
5 黄氏不是王审知的正妻，她是王审知下属黄讷裕之女。

在南安县灵秀山下，这位妃子就葬在这里。[1]

闽王王延钧的养兄王延禀，在王延钧即位后始终惴惴不安。文献对其性格的记述很少。据说他曾失一目，因此得了个"独眼龙"的诨号。[2]他死后被追祀于英烈王庙，此庙立于建州顺昌县，以纪念他的天才。[3]

这个新兴王国朝廷上有一位更为重要的人物，那就是薛文杰。他凭着充实府库珍宝的机巧进言而得宠于王延钧。他先任中军使[4]，现在成了国计使[5]，并且能对皇帝的想法产生举足轻重的影响。薛文杰能够使其主子相信王室其他男性成员试图谋权篡位，生性多疑的王延钧就将这种压抑转嫁到其他王室成员身上，结果，他的一个侄子王继图出于愤怒，真的谋划反叛。他的谋划被发觉，与其他千余人一同被处死刑。[6]薛文杰自己也不得善终。这位狡黠的财政官员曾打造了一款槛车，用来转运罪犯游街，槛车的底部和顶部都嵌有铁刺，不幸的犯人稍一动作，就会被铁刺

---

1 《道光福建通志》卷42，页23b、25a。在同一场合，他将当地驿站命名为"锦田"，将溪流命名为"锦溪"。
2 《五国故事》卷下，页6a。
3 《乾隆福建通志》卷15，页23b。英烈王庙俗称"侍郎庙"。
4 《资治通鉴》卷278，页7b。古代，军队被分为三部分，总指挥由"中军"指挥官担任。见《左传·桓公五年》。
5 从字面上理解，就是"国家财会大臣"。
6 《资治通鉴》卷278，页9b—10a。此处文献将薛文杰称为"内枢密使"，误。此时任此职者是吴勖，见《资治通鉴》卷278，页5a。

第二章 朝堂　029

刺伤。[1]薛文杰是这一设计的首位使用者，为了平息叛军的怒气，他被投入槛车接受惩罚。[2]

延钧性情多疑，不信任年轻的王子们，这从后来他对待自己侄子王仁达的方式上可以得到进一步验证。王仁达是一位机敏而博学的年轻人，"善用铁槊"。[3]他是水军指挥使，在击败运气不佳的王延禀一战中厥功甚伟，因而为王延钧跻身皇位创造了可能。这场大捷之后，王仁达升任亲从都指挥使，但他的名声及其放纵不羁的外向型性格，似乎忤怒了皇帝，皇帝开始寻找理由来除去他。有一次，王延钧设下圈套，以秦朝赵高弑君之事来问这位年轻的军官："赵高指鹿为马，以愚二世，果有之邪？"王仁达回答："秦二世愚，故高指鹿为马，非高能愚二世也。今陛下聪明，朝廷官不满百，起居动静，陛下皆知之，敢有作威福者，族灭之而已。"这个回答滴水不漏，使皇帝深信王仁达对于自己的忠诚，

---

1 《新五代史》。
2 《资治通鉴》卷278，页16a—b。详见下文"经济"章。
译注：《资治通鉴》卷278："吴蒋延徽败闽兵于浦城，遂围建州，闽主璘遣上军张彦柔、骠骑大将军王延宗将兵万人救建州。延宗军及中涂，士卒不进，曰：'不得薛文杰，不能讨贼。'延宗驰使以闻，国人震恐。太后及福王继鹏泣谓璘曰：'吾无如卿何，卿自为谋。'文杰出，继鹏伺之于启圣门外，以笏击之仆地，槛车送军前，市人争持瓦砾击之。"据此，囚禁薛文杰乃往救建州之王延宗的要求，薛爱华以王延宗军为"叛军"，似误。
3 《九国志》卷10，页99—100有他的传记。

皇帝赏赐了大量金帛给仁达。[1]然而，皇帝的猜忌仍未消除，后来有一个场合，他对身边的人说："仁达智略，在吾世可用，不可遗后世患。"[2]这话意味着王仁达对太子的影响过于强大，皇帝在狡猾地暗示，这个侄子或许要篡夺他的王位。有了这样的理由，王延钧就诬告王仁达阴谋叛乱，将其本人及家人处死。[3]

王延钧妻妾甚多。他的第一任妻子是清远公主，南汉国君刘岩之女。[4]这位夫人去世早，于是他又娶金氏为妻。金氏德行高尚，然而对王延钧却没有吸引力。[5]最终，他迷上了王审知生前的一个侍婢陈氏，纳其为妃子，封为淑妃。这名女子便是鼎鼎大名的金凤，被史书描述为"陋而淫"。[6]但是，和杨贵妃一样，她激发了历史学家和传奇小说作家的想象力，因此，对于她的记载比闽国其他女性都要多。和杨贵妃一样，金凤也是"一人得道，鸡犬升天"，

---

[1]《新五代史》。这个事件另有一个版本，略有不同，见于《九国志》。赵高的故事，原见《史记》卷6，页0026d。故事说的是赵高为了测试秦朝大臣们对自己的忠诚度，于是指着一头鹿说是马，并且暗中计算同意他说法的人数。这里我把"起居动静"翻译为"risings and residings...activities and passivities"，或许需要做有限定的解释，"their activities and passivities at the [imperial] audiences"。"起居"此处意为"百官朝见皇帝"。
[2]《资治通鉴》卷278，页15a。又见《新五代史》。
[3]《资治通鉴》卷278，页15a。
[4]《资治通鉴》卷279，页16a—b。
[5]《新五代史》。
[6]《资治通鉴》卷279，页16a—b。"淑妃""贤妃"经常出现在描述闽国皇帝妻子的文献中，这表明闽国皇帝遵循隋朝和初唐后宫制度，皇后之下有"四妃"，分别是贵妃、淑妃、德妃和贤妃。中唐玄宗废弃了这些头衔。见《新唐书》卷47，页3743c，以及《旧唐书》卷44，页3250a。

她的亲属陈守恩和陈匡胜二人，都被那位沉湎女色的皇帝提拔为殿使。[1]935年三月，王延钧册封金凤为皇后。[2]但是君王打错了算盘，他这位急不可耐的多情的皇后，先后从出入宫廷的常客中找了两个情人。第一个是归守明，他是皇帝身边一个英俊的随从，通常被称为"归郎"[3]。这件事发生在935年十月。归守明后来又撮合百工院使李可殷与皇后私通。皇后红杏出墙众所周知，却没有人敢向疾病缠身的国君透露。[4]李可殷是九龙帐的制作者，他和归守明在九龙帐内度过的良宵，要比他们的皇上主子还多。九龙帐本该用于皇帝的床笫之乐，有一首歌谣却描写归郎他们在这个大帐内的欢会，流传甚广，"谁谓九龙帐？惟贮一归郎"。[5]在延钧病重期间（935年七月），太子与宫人李春燕私通。[6]接下来，这位太子（也就是未来的皇帝）通过陈金凤向他父亲索要李春燕，王延钧并不情愿地给了

---

1 胡三省认为此职为闽国所创。见《资治通鉴》卷279，页16a—b。宫使一职在五代十国时期的各个王国中很常见，通常由宦官担任。因此，在广州的南汉帝国，权倾一时的龚澄枢便同时担任龙德宫使和万华宫使。见《宋史》卷481，页5699c。
2 同上。
3 文献资料显示，归郎曾是皇帝的一名娈童。
4 《资治通鉴》卷279，页19b。
译注：《资治通鉴》原文为："闽主晚年得风疾，陈后与守明及百工院使李可殷私通，国人皆恶之，莫敢言。"未提及归守明为李可殷牵线事。唯《新五代史》载："又有百工院使李可殷，因归郎以通陈氏。"
5 《新五代史》。也就是说，九龙帐里绣的九条龙，只有八条在帐内，第九条龙即王延钧，却不在帐内。
6 《新五代史》谓"烝之"，意即"不伦之恋"，这名女子是其父的侍女，严格来讲，是太子不应染指的。

他。[1]有一次，皇帝在大酺殿设宴款待军士，大醉之后，产生了幻觉，仿佛看到其养兄延禀的鬼影。这时，太子王继鹏雇用的刺客李仿，深信皇帝已经精神失常，于是将皇帝、皇子王继韬、皇后陈金凤和无人惋惜的归郎一并杀死。[2]宫女们对她们的主子应当还是有感情的，叛乱的士兵刺伤了皇帝，皇帝躺在地上，正痛苦地颤抖，但并未死亡，于是这些宫女"不忍其苦，为绝之"。[3]

闽国第二位皇帝王继鹏，为人野蛮而易怒，[4]继位以后，更是

---

[1] 《新五代史》。《资治通鉴》卷279，页18a—b。
[2] 译注：此处表述与《新唐书》略异。《新唐书》载，"鳞闻鼓噪声，走匿九龙帐中，卫士刺之不殂，宫人不忍其苦，为绝之"，则皇帝非李仿所杀。且以李仿为"刺客"，亦有不妥，《新唐书》载此时李仿为"皇城使"。
[3] 此事发生在935年十一月十七日，真实性曾被质疑的《金凤外传》保存了更多关于王延钧朝廷的资料。我在本书"基本参考文献"中考察了该书的价值。谨节录其摘要大意如下。金凤是福清县万安乡人。她被册封为皇后之后，皇帝为其筑长春宫，二人在宫中放纵狂欢。在这些宴会上都会放置一些很大的床，皇帝拥抱着金凤，四周环绕着其他赤裸的宫女。皇帝皇后惯常在一座从占婆获得的水晶屏风后淫乐，屏风周长约四丈二尺。他们鼓励宫女们隔着屏风观看他们淫乐。他们还在桑溪修禊，麝香之气，环佩之响，燎炬之光，乐器之声，吸引着很多百姓观看。五月端午之日，西湖赛龙舟，每条画舫载二三十名宫女，短裳打桨。皇帝在他的大龙舟上观看龙舟赛盛况，金凤唱着她自己作的小曲。其一曰："龙舟摇曳东复东，采莲湖上红更红。波淡淡，水溶溶。奴隔荷花路不通。"其二曰："西湖南湖斗彩舟，青蒲紫蓼满中洲。波渺渺，水悠悠，长奉君王万岁游。"这种场合，有很多穿着体面的观众，拥在湖岸边观看热闹的龙舟赛。金凤最初由李仿介绍入宫，晋升为皇后之后，她开始怠慢李仿。为了报复金凤，李仿将其妹李春燕盛装打扮，献给这位多情的君王。王延钧马上就被这个妖媚的女子迷住了，此时春燕年仅15岁，她被封为贤妃。此后，他抛弃了水晶屏风之乐。不过，他后来还是在翰林学士韩偓的劝说下，回到金凤身边。韩偓写了一首诗，以唤起皇帝对昔日爱侣的回忆。接着，太子爱上春燕，诱奸了她，并从他体衰多病的父亲那里要来了春燕。太子即位后，封春燕为皇后。
[4] 《五国故事》卷下，页7a。

成为狂妄淫荡之人。他主要长于弓箭。[1]有一段他的故事，说他曾打算侵袭南唐，为这次冒险训练了大批军队，并且希望得到成功的预兆。他在射箭场尽头放置了一个金属盆，距离五六十步远，并对集合起来的部队说"一发中之，当平定江南"，他果然一发而中，但是虽然他把军队派到了西北边界，这场战争却始终未能发生。[2]这位新皇上的性情，从有关他与谋臣关系的逸事中能够透露出来。其中一位谋臣名叫叶翘，二人的关系类似于塞涅卡和尼禄。[3]当叶翘发现自己的建议被置若罔闻后，就离开了朝堂。王继鹏责难他玩忽职守，因而激起了这位老人优雅的回击："老臣辅导无状，致陛下即位以来无一善可称，愿乞骸骨。"皇帝对这位"国翁"温言抚慰，并厚赐金帛，说服他留在朝廷，[4]虽然并没有证据表明皇帝曾经采纳这位贤者的谏议。王继鹏对另外一位胆敢批评自己的朝臣却没这么彬彬有礼。谏议大夫黄讽对君王的无道邪行真心地感到义愤，他诀别了自己的妻子儿女之后，决定上朝进谏，以此履行自己的职责，不惜一死。皇帝并不乐于接

---

1 他的死亡故事，见《资治通鉴》卷282，页5a—b，6a—b。
2 《五国故事》卷下，页7a。
3 译注：塞涅卡（Lucius Annaeus Seneca），公元前4—公元65，罗马政治、宗教、哲学家，最初为律师，后因罪被放逐到西西里岛8年；尼禄帝即位后，被任命为顾问，后被诬参与谋逆而遭赐死。尼禄（Nero），37—68，古罗马帝国朱里亚·克劳狄王朝的最后一任皇帝，是古罗马乃至欧洲历史上有名的暴君。
4 《资治通鉴》卷279，页21a—b。此事发生在935年十一月。

受这种非难，于是命人责打黄讽。黄讽回应道："臣若迷国不忠，死亦无怨；直谏被杖，臣不受也。"王继鹏无法容忍他这样维护尊严据理力争，因此把这位谏议大夫贬为庶民。[1]据后世记载，黄讽墓在侯官县黄岸山南麓。[2]

皇帝的暴虐脾性，在他彻夜饮酒后表现得愈发显著。醉中的他，变得极为多疑，暴虐不可遏制，这时，亲人和陌生人在他那里毫无区别，庶民和大夫亦然。他最爱干的，就是强迫朝臣把他们自己灌醉，然后让侍从观察他们在这种状态下是否有越礼的言行。有一次，他将堂兄王继隆斩首。他经常处决其他宗室，因为在他想象中，这些宗室过量饮酒之后，对他有点轻慢，他就猜疑人家不忠诚。他的叔父王延羲，在他死后继登皇位。当时王延羲觉得自己的官位岌岌可危，胆战心惊，就假装精神失常，就像克劳狄皇帝[3]在类似情况下做过的那样。王延羲的官职是左仆射，王继鹏很显然是被愚蠢支配头脑，将其发配到山里道观当一名道士。可是后来，他还是将延羲召回，囚禁于私宅。[4]

王继鹏的皇后——春燕，在延钧死后就湮没无闻了。年轻的

---

1 《资治通鉴》卷281，页17b。
2 《道光福建通志》卷39，页14b。
3 译注：克劳狄（Claudius），罗马帝国朱里亚·克劳狄王朝的第四任皇帝，41—54年在位。
4 《资治通鉴》卷282，页5a—b，6a—b。

皇帝甫一登基，就授予她贤妃的头衔，[1]后来又册封为皇后。她最后与其丈夫一同惨死，除此之外，史书再没提到她。

王继鹏的朝廷中还有一个成员刘乙值得一提，他最终从皇家花园泛滥的酒精洪流中逃脱了。刘乙极为风雅，生性敏感，他在政治史上唯一被记住的是其被选中招待后晋使臣卢损。[2]有一次，他喝醉之后和别人争夺一名歌伎，酒醒之后，极其懊恼，痛悔之下，他将所有能找到的关于酒后惹祸的文献全部搜集起来，编成一本《百悔经》，作为对自己的警诫。据说他此后滴酒不沾。[3]

王继鹏垮台的直接原因，可能是他对自己的禁军处置不当。王延钧登上皇位之后，将他父亲王审知的旧部分为两个都卫，分别命名为拱宸都和控鹤都。[4]然而，作为儿子的王继鹏却希望有

---

1 我依据的是《资治通鉴》卷279，页20a—b。《新五代史》称其为"淑妃"。我们已经在《金凤外传》中看到，王延钧封她为"贤妃"。或许这是正确的，而《资治通鉴》称其贤妃的年代有误，如是，则她应是王继鹏的淑妃，至少在唐代淑妃是更高的头衔。译注：英文原文为"The young Emperor gave her the title Shu Fei on his accession."，据脚注，正文应为"Hsien Fei"，今据改。
2 《新五代史》。
3 《清异录》卷上，页18b—19a。这位贤士有三首诗，存于《全五代诗》卷87。
4 这些皇家禁卫军中的第一支为拱宸都，其名称出自《论语》第二篇《为政》中著名的一段话，孔子在这句话中，将有德的君主比喻为北极星（辰），被其他星星环绕拱卫。"拱宸"即"共宸"，"宸"同"辰"，喻指帝王所居。"控鹤"一词带有道教含义，在唐代并不罕见。则天皇后为其私人仆从设立了"控鹤府"（《新唐书》卷76，页3868a）。唐朝的最后一位皇帝昭宗，也曾有名为"控鹤排马官"（《新唐书》卷50，页3752d）的军官侍卫。在10世纪闽国之外，此职还见于926年汴州控鹤军反叛后唐朝廷（《新五代史》卷6，页4400a；《旧五代史》卷36，页4247c）。"都"字在这一时期通常用以指军事护卫部门，因此我认为翻译成"division"是合适的。每一都设指挥使统领，我就翻译为"commander"，虽然更合适的译法可能是"directing commissioner"。

一群与自己进退与共的亲信,因此他招募2000名亡命之徒、市井流民,[1]编成一军,命名为宸卫都。他对他们赏赐特多,同时还赐予诸多荣耀,这激起了其他都卫尤其是原来两个都卫的长官即朱文进和连重遇的不满。北宫被焚后,皇帝派连重遇及其兵士清扫灰烬,这些人愈发愤恨。终于,939年七月二十九日夜,连重遇率其都兵攻打皇宫。皇帝和他的后妃仓皇出逃,寻求宸卫都的保护。但次日早晨,宸卫都总部便被叛军焚烧,在接下来的一场战斗中,宸卫都大败。千余残兵护卫皇室逃离都城,但遭到拦截。他们的国主死后,残部北逃至吴越以全性命。[2]

据说,王延羲登上他那多疑的侄子留出的皇位之时,他曾担心护卫他入宫的兵士是王继鹏派来抓他的。这时,他与罗马的克劳狄皇帝再一次不约而同,不管怎么说,他是躲进厕所避难了。[3]尽管开头如此不祥,但他还是很快就派人将国书送往邻国,宣布自己即位:"六军踊跃于门前,群臣欢呼于日下。"[4]他的即位并不是普天同庆的。据说,谏议大夫黄峻就曾对一个同伴这样评论

---

[1] 《五国故事》卷下,页7a—b。
[2] 《资治通鉴》卷282,页5a—b,6a—b。
[3] 《五国故事》卷下,页7b。躲进厕所避难,这个问题值得研究。厕所也是鬼神出没作祟之地。
[4] 同上。

道：" 合非永隆[1]，恐是大昏元年。"[2] 王延羲是审知第二十八子，所以，虽然我们不知道他出生于哪一年，但他的年纪可能和王继鹏差不多，甚至更小一点。历史文献对他性格的描述，并不比对他侄子的描述好多少。据记载，他"骄淫苛虐"[3]。更有甚者，他曾被认为"倔强难制"，这是王继鹏的宰相王倓的看法，王延羲对王倓非常忌惮。[4] 和他的前任一样，王延羲对皇族成员同样生性多疑，充满猜忌。王延羲这么做也许不无道理，因为他的兄弟、当时的建州刺史、后来成为他对手的皇帝王延政，就曾多次攻袭他的领地。不管怎么说，他处死了很多亲属。[5] 941年夏天，他开始有计划地消灭自己的兄弟子侄与有功老臣。这一举动激怒了上文提到的黄峻，他带着自己的棺材来到朝堂，极其严厉地批评皇帝。但不出其预料，他的谏言并未被认真对待。据记载，王延羲说："老物狂发矣！" 于是把他贬到漳州做一名小吏。[6] 王延羲还有一点与继鹏极像，那就是嗜酒成癖，或者至少是喜欢看大臣们

---

1 "永隆"指的是王延羲所用的年号。《五国故事》载皇帝的新名是"曦"。《康熙字典》以"曦"为"曦"之简省写法。
2 《清异录》卷上，页7b。
3 《资治通鉴》卷282，页8b。
4 《新五代史》。关于王倓的更多内容，参见下文"信仰"章。
5 《新五代史》。《资治通鉴》卷282，页8b。
6 《资治通鉴》卷282，页17a—b。

喝醉。他和群臣一起"牛饮",[1]凡是胆敢偷偷倒掉自己酒杯中酒的,都会被他处以死刑。[2]在942年九月末于九龙殿举办的一次宴会中,他的侄子王继柔就犯了这一致命的错误,继柔及其宾客即刻被斩首。[3]另一件类似的事情发生在943年十二月,宰相李光准大醉之后,居然动了违抗君命、不愿再喝的念头。皇帝马上命人把他抓起来并公开斩首。这位不幸的宰相被带到市场,他烂醉如泥,口中只是呼唤他最爱的侍婢春莺。[4]行刑者心生同情,将他带到一个地牢里,给他戴上手铐。次日朝堂之上,延羲想起了他,并给他官复原职。[5]当天晚上,延羲又举行了一次盛大的宴会,这次是翰林学士周维岳触怒了皇帝,他因此被捕下狱。狱卒对他表示了最大程度的尊重,甚至帮他打扫床榻。皇帝清醒之后释放了他。很明显,大家对这种事都司空见惯了。这位周维岳是个出名的酒徒,且酒量极佳。有一次,全体大臣都喝醉了,只有他一人独醒。有一次,王延羲问其侍从,何以身材瘦小的周学士,身体里却能装得下这么多酒。这位谄媚的侍从编造了一个机

---

1 译注:英文原文作"He practiced the hallowed 'ox-drink' with his minister."。《新五代史》载"曦常为牛饮,群臣侍酒"。此处作者将"牛饮"译为"hallowed 'ox-drink'",以"牛饮"为神圣的,似乎是将"牛饮"误解为某种宗教祭祀仪式。
2 《新五代史》。皇家的酒杯是银质叶子形的,因其易碎,故统称为"冬瓜片"。见《五国故事》卷下,页7b。
3 《资治通鉴》卷283,页5a。
4 《五国故事》卷下,页7b—8a。在这一文献中,他的名字写作"李准"。
5 《资治通鉴》卷283,页6a—b。

灵的解释：周维岳体内有专门盛酒的酒肠。皇帝打算剖开周维岳的肚子，来检查一下这个神乎其神的酒肠，但是被这位急中生智的侍从劝阻了。他指出，如果剖开周维岳的肚子，那么他必死无疑，这样就没有一流的酒伴陪皇上喝酒了。[1]

除了嗜好喧闹的酒会，王延羲最大的弱点在于对女人言听计从。他的皇后李夫人是同中书门下平章事李真的女儿，跟他一样，也嗜酒如命，但性格却是刚愎固执，令人生厌。王延羲最初对她忠贞不贰，但多有忌惮。[2] 然而，943年四月，他突然爱上了尚氏夫人，并封她为贤妃。据记载，此女美貌异常，皇帝对她极为宠爱，他喝醉之后，贤妃说要杀谁就杀谁，要宽宥谁就宽宥谁。[3] 由于某种原因，皇后嫉妒其对手尚氏，并且产生了除掉丈夫再让自己儿子亚澄继位的想法。[4] 随后在她的煽动下，王延羲被谋杀。[5]

指挥使朱文进及其同僚连重遇在谋杀王延羲之后，曾短暂统治闽王国，关于这一时期的朝堂情况，记录甚少。我们只知道朱

---

1 《资治通鉴》卷283，页6a—b。
2 《资治通鉴》卷283，页1b。《新五代史》。同中书门下平章事这一官名，意味着虽然在通行官阶中品秩不高，但加此头衔即可处理宰相之务，因此我翻译为"Titular Minister"。
3 《资治通鉴》卷283，页11a。《新五代史》。
4 《新五代史》。
5 王延羲有沉湎女色的名声，这给为人"贪秽"的泉州刺史余廷英提供了借口来掠夺民女供己享乐，他谎称是为皇帝充实后宫。见《资治通鉴》卷283，页5b;《新五代史》。

文进遣散宫女，停止宫室营造，采取这样的政治措施，意在凸显被刺杀的闽王王延羲的奢靡无度。[1]连重遇曾经说过一段话，试图向闽国群臣证明自己弑君夺权的合法性，同时也证明了这些政治措施的必要性："昔太祖武皇帝亲冒矢石，遂启有闽，及其子孙，淫虐不道。今天厌王氏……"[2]

关于李仁达和他的傀儡和尚皇帝时期的朝堂，我们一无所知。伪皇帝朱文进至少还有一份优雅，敢于表示他对反复无常的李仁达的轻蔑之情，那时，李仁达还是一名牢骚满腹的禁卫军将领。[3]

王延政是殷国的首位皇帝，后来任闽国皇帝，他似乎想模仿他的父亲王审知，至少表面如此。这一点，从史料对他处理公共事务时作风简朴、不讲排场的描述中，就可以看得很清楚："延政服赭袍视事，然牙参及接邻国使者，犹如藩镇礼。"这里描述的是他在943年首次恢复古国号"殷"的事。[4]到了晚年，这位前皇帝变成南唐的臣属，被封为自在王，后封光山王（光山是他的

---

1 《资治通鉴》卷284，页3a。
译注：《资治通鉴》卷284，"文进下令，出宫人，罢营造，以反曦之政"。
2 《新五代史》。
3 《资治通鉴》卷284，页14a。
4 《资治通鉴》卷283，页9a—b。《五国故事》（卷下，页9a—b）称王延政为"大商"皇帝，以"商"代"殷"，未见于其他文献，令人困惑。我假定这位不知名的《五国故事》作者避"殷"讳，可能因为这个字是他某位先祖的名字，但这纯粹是猜想而已。
译注：宋太祖赵匡胤之父名赵弘殷，故宋代人避讳，每改"殷"为"商"。

老家），最后改封鄱阳王。[1]他先是被葬于福宁州寿宁县，最终其尸骨由其子王继勋迁葬于侯官县莲华峰。王继勋是宋朝皇帝的臣子，他希望他父亲的坟墓能够挨着审知。因此，当地人把这两位著名统治者坟墓所在地叫作"王墓山"。[2]

殷帝国的外部政治，受王延政和王延羲之间关系破裂的影响很大，虽然后来影响殷国生活各个方面的，是殷与南唐的冲突。据说王延羲对他兄弟的敌意，来自他收到后者写来的一封信，信中对他横加指责，列了各种罪名以及道德缺陷。[3]无论这种敌意到了何种程度，似乎王延政至少做过一次努力，尝试达成和解。940年夏天，他派遣牙将，携书面誓约（其内容应是效忠之词）、女奴和一个香炉至福州。[4]不过，这是王延政自立为皇帝之前的事情。导致二人不睦的另一个原因，是王延政要求封自己为威武军节度使，王审知在福建最初掌管的部队不过如此。显然，他感到，如果他哥哥应该登基称王的话，他自己也配得上节度使的光荣头衔，在外界看来，这个头衔仍有举足轻重的地位。但王延羲拒绝给建州冠以威武军之名，因为自王审知攻克福州之日起，威武军就一直属于福州。为了妥协，王延羲创设了镇安军，并任命

---

1 《五国故事》卷下，页9a—b。《新五代史》。
2 《道光福建通志》卷39，页17a。
3 《新五代史》。
4 《资治通鉴》卷282，页10b—11a。

王延政为镇安军节度使。这远不能满足野心勃勃的皇子的心愿，王延政将镇安军改名镇武军，或许是认为镇武军更接近王审知当年军队的名字，也能更好地彰显他的个人气质。[1]但是，941年七月，王延羲自称闽帝，此后，兄弟间的裂痕永远无法弥合。兄弟相争是潘承祐上书批评王延政诸事中的一件，事实上，这是他上书所陈十事的第一事。潘承祐说兄弟相争是"逆伤天理"。[2]当然，这种争斗对帝国造成了永久的伤害。

在王延政的朝臣中，更著名的一位是黄仁讽，他是飞捷都的第一任指挥使。福州落入王延政之手后，他又成为福州镇遏使。[3]黄仁讽自幼从军，戎马生涯，颇建功勋，连重遇死后，他接管了福州军事。王延政之侄王继昌是新的南都——福州名义上的领主，黄仁讽因为对继昌心存不满，于是和李仁达密谋推翻王氏家族的统治。为了回击他的背叛，王延政在建州把黄仁讽妻儿全部弃市。李仁达命黄仁讽率军抵挡王延政的伐罪之师，黄仁讽击退了王延政的军队。但他后来忏悔了自己抛弃旧主和不顾妻儿而让其听天由命的做法。李仁达不喜欢他这种软弱的表现，于是处死

---

1 《五国故事》卷下，页9a—b。《资治通鉴》卷282，页14a。王延政从王延羲那里得到富沙王的封号，正在此时，即941年一月。
2 《资治通鉴》卷283，页11a。潘承祐上书详情，见后文。
3 《资治通鉴》卷284，页12a。这一职务让他在福州可以全权代表王延政，王延政因为要全力投入与南唐的战争，必须坐镇建州。

了黄仁讽。[1]

相比黄仁讽，许文稹较为幸运。他是泉州本地人，侍奉过至王延政为止的所有闽国统治者。在王延政治下，他任汀州刺史，为政极守法度，受到汀州百姓的敬畏爱戴。他始终忠于王延政，南唐征服闽国后，他仍被任命为汀州刺史。最终他为周世宗所擒，很受礼遇。[2]

闽国第三位值得一提的人物，是臭名昭著的杨思恭，人称"杨剥皮"，下文"经济"章会继续讨论他。闽国灭亡后，他被送往南唐首都金陵，在建康市被斩首。[3]

以上就是闽国的著名人物，他们的命运左右着这个自中华帝国形成以来福建地区唯一的独立政权的兴起、维持和衰亡。

---

[1] 《九国志》卷10，页98—99。
[2] 同上，卷10，页99。
译注：《九国志》卷10："文稹，泉州同安人。少事审知，为给使，累历内职。昶袭位，迁文思院使。延羲立，改金吾使，率兵屯临汀，未几，授汀州刺史。……及建州陷，明年，文稹率军吏赴金陵。璟复以为汀州刺史。"按：《九国志》未提及许文稹在王延政时任汀州刺史。
[3] 同上，卷10，页100。

第三章

历 史

刺 史

王氏家族是在伴随黄巢之乱而起的天下大乱中趁势起家，获得权势的许多家族之一。[1]这个家族命运的奠基者是王潮，虽然他终其一生未能封侯拜相，并且他能够成为闽国皇室的一员，也只是靠死后的追谥。他逐步独霸福建一省，其过程如下。[2]

9世纪后期，有一个叫王绪的人率领一支人马攻陷了固始。王氏三兄弟，王潮、王审知、王审邦，因为在当地素有勇武之誉，所以被王绪召至军中。[3]蔡州刺史秦宗权正在四处招兵，准备对黄巢叛军发起猛烈攻击。于是，他委任王绪为光州刺史，

---

1 我们的故事并不始于福建。然而，该省受到黄巢军队的严重破坏，878年秋天，他们劫掠了福建诸州，879年初攻陷福州。见《资治通鉴》卷253，页8b—9a。
2 这一部分我依据的是《新五代史》。
3 《新五代史》称王潮为"军校"，而《资治通鉴》卷254和《旧五代史》称其为"军正"。

希望这样能吸引他加入联军。王绪却迟迟没有表现出准备参加既定行动的意愿，秦宗权遂派兵攻打王绪。王绪马上率其部下数万人离开光州，一路向南，沿途剽掠。王氏兄弟所在的这支土匪军队，穿过福建，越走越远，直到福建省最南端的重要城市——漳浦。

不幸的是，对王绪自己而言，他并不为自己那些更有才能的部下所信任，甚至还遭人嫉妒。他用各种莫须有的罪名，处死了很多这样的属下。王潮颇感恐惧，于是劝说一个同僚和他一起发动针对王绪的兵变。谋反的士兵在竹林丛中伏击了王绪，将其抓住并囚禁起来。王绪最终自杀身亡。这些事情发生在南安。由于王潮深谋远虑，具体表现为能够"保护"自己的同伙免受生性多疑的首领带来的危害，他得到众人支持，被推举为新的首领。他为这支队伍制定了一些纪律，并且实施了野心勃勃的冒险行动，去攻占大港口泉州。泉州刺史廖彦若为人贪婪暴虐，不得人心，他固守此城一年有余，这座城市终于被成功地攻下来，王潮成为泉州的长官。886年，经由福建观察使[1]陈岩奏请，王潮被唐代朝廷任命为泉州刺史。

但是，这位新任刺史的雄心壮志，并不就此满足。892年，

---

[1] 在这里，我用了一个已为人废弃的词"observator"来表示观察使的确切含义。戴何都（M. des Rotours）的译法不可能解决这个问题。

陈岩去世，其女婿范晖自称留后，王潮命弟弟王审知攻占福州。[1]王审知发现，攻城时间需要延长，也发现士卒伤亡严重。他一度请求停止攻城，暂时撤兵，但被王潮拒绝。他又请求增援，并请王潮亲临前线。接着他听到王潮讲了这样的话："兵与将俱尽，吾当自往。"在某种程度上，王审知被王潮此言惊吓到了，他加强了攻城行动。范晖被他自己的手下擒住并斩首，福州落到了王审知的手里。[2]

这时，王潮已经控制了福建全省，作为对这一事实的确认，唐昭宗皇帝在福州设立威武军，任命王潮为其节度使。[3]这一任命在896年十月十二日生效。[4]

897年十二月，新任节度使病重卧床，王审知以他的名义知军府事。[5]898年一月二日，王潮去世，[6]留下他的弟弟统治

---

[1] 《旧五代史》载陈岩卒于890年。"留后"一职指候任的节度使或观察使，有待朝廷正式任命。
[2] 此事不见于《新五代史》，我依据的是《旧五代史》。
[3] 此时他兼任观察使。
[4] 《资治通鉴》卷260，页19b。《新五代史》载王潮仅为观察使，且将威武军的设立时间定在他死后，把王审知作为威武军第一任节度使。这种说法与以下四种文献相矛盾：《资治通鉴》、《旧五代史》、《新唐书》（卷190，页4075c）和《册府元龟》（卷233，页16a—b）。
[5] 王审知已经是观察副使和节度副使（《资治通鉴》卷261，页8b;《旧五代史》）。《资治通鉴》特别指出，王潮略过他自己的儿子王延兴、王延虹、王延丰和王延休，而把指挥权给了王审知。历史上再无关于这四个人的记载，这让我们怀疑王审知或许通过某种手段除掉了他们。
[6] 《资治通鉴》卷261，页8b。

第三章　历　史　049

福建。

藩　王

兄长去世，王审知获得了福建的最高统帅权，但长幼有序的礼制要求他把权力让给他的次兄王审邦。王潮将其总部迁往福州时，王审邦就在泉州担任刺史。不过，王审邦"以审知有功"，而自己更愿意留守泉州。王审知随即上奏唐朝朝廷，大意是告知朝廷其现为"节度观察留后"。[1]898年四月十四日，朝廷批准他为留后。十月二十五日，皇帝任命他为威武军节度使。[2]从几乎奄奄一息的唐帝国那里，王审知也曾获赐朝官的官衔，这一方面他已经远远超过了他的亡兄。这些官衔有同中书门下平章事和琅琊王等。[3]

907年，随着梁朝的建立，新的荣耀接踵而至。这一年，审知被加以侍中衔[4]，两年后，他成为闽王，这是他获取的最高的

---

1 《新唐书》卷190，页4075c。现代学者对王审知统治的研究，见郭毓麟《王审知治闽之政绩》，《福建文化》1933年第1卷第8期，页14—15。
2 《资治通鉴》卷261，页10b, 13a。
3 《新五代史》；《资治通鉴》卷262，页1a。"同中书门下平章事"条，见40页注2。
4 侍中的全称是门下侍中，有时被翻译为"Chancellor"，但我倾向于用"Keeper of the Seal"来指其在唐代朝廷的主要职责。在10世纪，此衔和其他朝官职衔都纯粹是有名无实。

地位。[1]

909年，闽与淮南吴国的关系恶化了。此时，杨隆演刚刚在扬州登上了其兄杨渥死后腾出的皇位。这一年秋天，杨隆演派使者张知远去和新的闽王修好。张知远犯了大错，他对王审知及其所有功绩都表示轻蔑，因此被杀了头。这意味着两国之间彻底决裂，此后，审知不得不改变原本走陆路向梁朝进贡的路线，改走海路。[2] 与这一外交失利相对，闽国与北边吴越以及南边南汉的良好关系，反而得到了巩固。闽国与这两个国家皇室之间有着联姻关系。吴越国王子、内卫军官钱传珦，在916年末或917年初，迎娶闽国女子为妻，这是在贞明二年十二月。[3] 贞明三年（917），王审知为其子王延钧迎娶南汉刘岩之女为妻。[4]

---

1 《五代会要》卷11，页143；《新五代史》；《资治通鉴》卷266（页7b）和卷267（页3b）。《册府元龟》（卷196，页13a）记载王审知封闽王是在907年夏天。我遵从《资治通鉴》的说法。907年，钱镠为吴越王；909年，刘隐（在广州）为南平王。《新五代史》记载王审知从梁朝得到中书令衔，但未载年月。同一文献来源指出福州被升为大都督府。这个材料在其他地方都找不到。闽王的称号是由在梁朝任职的福建人翁承赞学士所授予，这一旨意是在南台县临津馆宣达的（《道光福建通志》卷38，页4a）。
2 《资治通鉴》卷267，页9a。910年韩偓曾作一诗，描述尤溪县和泉州府之间的闽国乡村在行军部队经过后的荒芜萧条景象（《全五代诗》卷78，页1182）。我无法从历史中找到究竟是哪场战斗或战役，造成韩偓诗所描述的那种民居寥落四野萧条境况。
译注：《资治通鉴》卷267："岁自海道登、莱入贡。"
3 《资治通鉴》卷269，页18b—19a。
4 《资治通鉴》卷270，页5b。刘岩（后写作䶮）在917年定国号为大越，定都广州，但这一年的晚些时候改国号为汉。

同时，闽国内部的麻烦与日俱增。王延彬接任其父王审邽的泉州刺史之职，而且从各个方面来说，都将泉州治理得井井有条。[1] 王审知给他加封平卢节度使的虚衔，[2]但这并不能满足这位野心勃勃的年轻人。泉州出现了一些符瑞，王延彬受此鼓舞，私下里派使者从海路向梁朝进贡，请求封他为更有实权的泉州节度使。王审知当然不愿意有一名亲属在自己领地内的另一座主要城市里拥有与他同等的军事权威，得知此事后，即把鼓动王延彬做此主张的僧人处死，并罢免王延彬官职，让其归于私第。[3]

闽国与南汉的关系急转直下。922年五月，也就是龙德（梁朝最后一个年号）二年，南汉皇帝刘岩为侵袭闽国做准备，派一些道士装成避难的样子，来到闽国西部边境的汀州附近刺探情报。闽将王延美先期向边境发动奇袭，但他的行动被侦探报告给了刘岩，于是刘岩率领他的部队在两军相接前逃之夭夭。[4]两年

---

[1] 文献记载，"延彬治泉州十七年，吏民安之"。这一记载是920年所发生事件的背景，但因此可知王审邽大概死于903年。
译注：此处所谓"文献记载"，指《资治通鉴》卷271。
[2] 平卢军是唐玄宗设立，统领热河南部和河北东部的军队。安禄山叛乱后，此军南移至山东北部。915年，梁朝罢平卢节度使（《新五代史》卷2，页4396c，卷3，页4397b）。王审知任命王延彬这一虚衔，是僭越职权，即使文献可能省略了他曾向梁朝请封之事。
[3] 《资治通鉴》卷271，页7a。
[4] 《资治通鉴》卷271，页16b。
译注：《资治通鉴》卷271，"汉主岩用术者言，游梅口镇避灾"。似非为侵闽做准备。

后，汉主再次带兵来到闽国南界，但被闽军击败，溃逃。[1]自此之后，闽汉之界就永久固定在汀州、漳州以西了。

925年六月，后唐同光三年，王审知生病卧床，自知不起，于是命其子节度副使王延翰权知军府事。[2]十二月三十日，闽王王审知去世，谥忠懿王。[3]

帝　王

王延翰是闽王王审知长子，[4]其父甫去世，他即自称威武军留后。[5]他发现自己面临着军事和政治的危机。有一个名叫陈本的人在福建西南角举兵反叛，聚众3万围攻汀州。王延翰派柳邕率2万人前往讨伐之。后唐天成元年，即926年的二月或三月，叛军被粉碎。[6]

四月十九日，延翰被后唐朝廷任命为威武节度使，七月一

---

[1]《资治通鉴》卷273，页6a。史书记载，本年（924）三月，闽国遣使向后唐纳贡。见《册府元龟》卷169，页7a。
[2]《资治通鉴》卷273，页14b。
[3]《新五代史》;《资治通鉴》卷274，页4a。忠懿王庙坐落在王审知故宅，也是前文注中已提及的德政碑所立之处，见《闽都记》卷8，页5b。其地在侯官县境。《长乐县志》（卷8，页38b）载长乐东另有一座同名庙宇，建于18世纪乾隆统治时期。
[4]《新五代史》。
[5]《资治通鉴》卷274，页4a。陶岳《五代史补》（"豫章丛书"，卷2，页4b—6b）误指王审知之继任者为王延钧，又将王延钧误作王审知之弟而非其儿子。《五代史补》没有提到王延翰。
[6]《资治通鉴》卷274，页6a。

第三章　历　史　053

日,又被加以同平章事之朝衔。[1]但是,那个遥远而且萎弱的中央政府,在不情愿的情况下颁发给他的这些头衔,并不能满足这位新任统治者的虚荣心。这一年,后唐庄宗被刺杀,对王延翰来说,攫取皇帝权力的时机成熟了。他在史书上找到了实现他野心的理由。他拿来司马迁《史记》中的一段,指给他的文武大臣们看,他说古代闽越诸王在《史记》中都被删略而不立传记。他把这一点解释为福建从来都不是中原帝国的一部分。他治下的这片土地自古以来都是独立的王国,恢复古闽尊严是他义不容辞的任务。他的臣僚被这种观点说服,或者无力提出有效的反驳,就上表劝进,请求他登皇帝位。[2]

因此,十一月十三日,王延翰自称大闽国王,设立百官,大赦天下,追谥其父王审知为昭武王。[3]尽管如此,在表面上,他仍然奉后唐的新皇帝明宗为最高权威,其表现是他继续使用这个北方帝国的年号,而没有为自己新创一个年号。[4]

---

[1]《资治通鉴》卷274,页16a,卷275,页7a。
[2]《新五代史》。《汉书》(卷95,页0604d)记载了闽越被征服的故事。秦帝国废无诸王为"君长",以其王国地为闽中郡。由于他对汉朝建立者有所助力,公元前202年,无诸又被重新封为闽越王。但是,值得一提的是,闽越未列于《汉书·地理志》中,而是列在外国部分,也就是说,闽越并非汉帝国的一部分。然而,比闽越更南的南越,却已归属帝国。参看鄂卢梭(L. Aurousseau)《秦代初平南越考》,《法国远东学院学报》,卷23,页137—264,1923年。
[3]《资治通鉴》卷275,页11a—b。
[4]《新五代史》。

但内部冲突迅速升级。皇帝发现自己与建州刺史、自己的养兄王延禀水火不容。[1]同时，他还激起了他的弟弟、泉州刺史王延钧的愤怒，据说是因为他强取民女充实后宫的缘故。[2]这两位刺史策划罢黜自己的兄弟，他们组织了舰队，同时向福州进发。王延禀率先到达，击败了延翰的指挥使陈陶。接着，胜利者率领一支敢死队越城而入，抓住守门者，夺取了他弟弟的军械库。他手下的士兵攻进皇帝的寝宫，但惊慌失措的王延翰躲进别室，暂保平安。次日清晨，也就是927年一月十四日，王延翰被发现，并以与其妻共同谋弑王审知的罪名，被斩首示众。此时，王延钧刚刚从泉州抵达福州，兄长王延禀在城门迎接他，并推举他为威武军留后。[3]短命的王朝覆灭了，福建又回到了原先的军事建制，名义上隶属后唐，前后共六年。

惠宗皇帝[4]

新的福建之主王延钧是王审知的次子。因此，从兄终弟及的

1　据《新五代史》，王延禀本姓周。
2　《资治通鉴》卷275，页12b—13a。
3　《资治通鉴》卷275，页13a。
4　惠宗。"惠"通"慧"，是愚蠢无知（witless）的委婉说法，经常被用作心术心病狂的君王的谥号。

原则来看,他继王延翰之后升任大位是理所应当的,特别是由于王延禀并非闽王的亲生子。但这两位兄弟之间关系并不融洽。二月二十日,王延禀准备回建州任上,王延钧为他饯行。建州刺史对威武军留后说了这样的话:"善继先志,毋烦老兄复来。"[1]可以推测,这是警告王延钧勿要谋取皇位。无论如何,这位留后否认自己有此意图,但据说他当时脸红了。[2]于是,王延禀溯江而上回到建州。[3]

后唐朝廷的常规任命很快到来了,本年(927)六月五日,王延钧被任命为节度使,封琅琊王,并加守中书令之衔。[4]次年八月十三日,他被封为闽王。[5]

930年初,王延禀称病,退居乡间故宅。[6]他上书后唐皇帝,请求将建州刺史转授其子王继雄。于是,后者在一月七日被任命为建州刺史。[7]据福州上游的战略位置,诱引王延禀展开不切实

---

1 此处我所引用的文字出自《新五代史》,《资治通鉴》(卷275,页14b)文字与此近似。
2 《资治通鉴》卷275,页14b。
3 《五国故事》(卷下,页6b)载王延禀回到泉州,误。
4 《资治通鉴》卷275,页18a。《五代会要》卷11,页144。《新五代史》增加了一条"检校太师",但没有年月。
5 《资治通鉴》卷276,页9a。《五代会要》卷11,页144。《册府元龟》(卷224,页19b)载此时王延钧为王延禀设置建州节度使一职。
6 《资治通鉴》称其为奉国节度使,但没有线索显示他何时何地得到这一任命。从后续史实来看,他可能是直接从后唐朝廷得到的封号。
7 《资治通鉴》卷276,页17b—18a。

际的谋划，也使他可以直接与后唐首都沟通。[1]或许，让自己的儿子被任命为刺史，就是自己家庭统治福建的计划的第一步。第二年（931）夏天，王延禀得悉其弟王延钧病重，[2]就迅速集合起一支水军，顺流而下，直抵福州，而留下次子王继升掌管建州。[3]

五月五日，王延禀与王继雄兵临福州城下，二人率军同时对福州城发起攻击。楼船指挥使王仁达率军抵抗。王仁达巧妙设计，击退了攻城之敌。他自己和一队士兵埋伏在一艘战船中，然后命人竖起白旗，表示投降。王继雄满以为胜利在握，并未带足护卫就登上船，结果立刻被人刺死，他的头还被砍下来，悬挂在福州城西门之上，这时，他的父亲正在率军攻打这里。[4]王延禀一看到儿子的首级，悲从中来，放声痛哭，他的攻城部队停步不前，很快被王仁达的军队击溃。一些侍从试图将王延禀藏在一个谷物量器内逃离战败之地，但他们被一路追赶，终于在五月六日被抓住。这个不幸的男人被带到自己的兄弟面前，王延钧语带讽刺地申斥他："果烦老兄再下。"王延禀被囚禁起来。与此同时，王延钧派使者到建州去招抚前刺史的部属。派

---

[1] 同上，胡三省注。
[2] 《五国故事》（卷下，页6c）记载，王延钧派人给王延禀送信，诈称自己已死，以挑起事端。
[3] 《资治通鉴》卷277，页12a。
[4] 《新五代史》。《资治通鉴》卷277，页12a—b。

第三章 历史 057

去的使者被杀死，王继升与其弟王继伦一同逃往吴越。[1]次月，王延禀被公开处斩，并从王氏族谱中除名。[2]王延禀之弟王延政成为新任建州刺史。[3]

这位受到道教占卜预言之术影响的节度使，现在开始谋划为自己攫取皇帝之位。他首先上表后唐朝廷说："钱镠卒，请以臣为吴越王；马殷卒，请以臣为尚书令。"

对王延钧这个鲁莽的要求，后唐朝廷没有回应。王延钧于是中止向后唐纳贡，表示他从此不再承认后唐朝廷。[4]这件事发生在932年七月。

933年二月，一切准备就绪，各种吉祥的预兆也都有了。王延钧宣布大闽国建立，他自己为第一任大闽皇帝，年号龙启。[5]他宣布大赦天下，王审知的谥号升级为"昭武孝皇帝"，庙号太祖；建立五庙，设置百官。皇帝将自己的名讳延钧改为璘。[6]

新的王朝任命的高级官吏如下：

---

1 《新五代史》。《资治通鉴》卷277，页13a。《五国故事》卷下，页6b。
2 《资治通鉴》卷277，页12b。这句话的意思也就是说，王延禀恢复其本名周彦琛。
3 同上。
4 《新五代史》。《资治通鉴》卷277，页22a。
5 "龙启"，这一年号源自他的宅第出现黄龙。
6 《资治通鉴》两个版本皆作"璘"。《新五代史》作"鏻"。《旧五代史》不见改名之事。

李敏——左仆射、门下侍郎；[1]

王继鹏——右仆射、中书侍郎；[2]

吴勖——枢密使。

大约就在这个时候，两名册礼使[3]来到闽国首都。其中一位叫裴杰，后来被人说服，接受了新朝颁予的如京使的任命，而另一位程侃，再三请求闽帝放其北还，但都没被允许。[4]

933年五月，皇帝册封其子王继鹏为福王，是月三十一日，皇帝暂时隐退清修，命福王权总万机。[5]八月七日，王延钧复位。[6]是年年底，他尊其母鲁国太夫人黄氏为皇太后。[7]本年十二月，或934年一月，他改福州为长乐府。[8]

与此同时，有一个叫吴光的人对中军使薛文杰的横征暴敛感

---

[1] 因唐太宗曾任尚书令一职，"尚书令"后来在唐代不再使用。然而，我们看到王延钧曾请求后唐任其为尚书令。或许与后唐断绝关系期间，他曾僭取此职。因此，李敏在闽国政府内的职务就不能高过仆射。同理，因为王审知曾做过侍中，因此李敏也只能做到侍郎。

译注：唐代中央官制，设尚书、中书、门下三省，尚书省的长官为尚书令和左、右仆射，中书省的长官是中书令和中书侍郎，门下省的长官是侍中、门下侍郎。

[2] 王延钧自927年开始任中书令，后来这一职位也不再授予他人。

[3] 册礼使负责授予王延钧后唐朝官的荣衔。

[4] 《资治通鉴》卷278，页5a。

[5] 《资治通鉴》卷278，页6b。

[6] 《资治通鉴》卷278，页7b。

[7] 《资治通鉴》卷278，页13b。

[8] 《资治通鉴》卷278，页15a。

到惶恐不安，同时也担心自身的安全，于是在自己家卒的保卫下逃到了吴国。他试图让吴国发兵征讨闽国。他将自己的计划描述得天花乱坠，说服了信州刺史蒋延徽，蒋延徽不待朝廷下令，便发兵攻打建州。王延钧立刻派使者到吴越国寻求军事帮助。[1]后唐清泰元年正月（亦即934年一月至二月间），蒋延徽在浦城前线战胜闽军，并包围了建州。王延钧派一万生力军，由上军使张延柔和骠骑大将军王延宗率领，去解救建州之围。这支部队中途哗变，要求皇帝交出那位不得人心的中军使薛文杰，否则部队不再前进一步。朝廷中以皇太后和福王为首的反薛文杰势力，劝说皇帝抛弃他的这个宠臣。薛文杰离开皇宫的时候，王继鹏用笏板把他击倒在地。接着，他被投入他自己发明的那个残忍的囚车内，被送往哗变部队，一路上老百姓都向薛文杰扔石头。负责押送薛文杰的军士通过强行军，在两天内把他送到哗变部队驻扎地，以此使薛文杰所谓"过三日则无患"的预言落空。这位中军使被军卒肢解并且分食。[2]与此同时，皇帝对自己抛弃爱臣之举

---

[1]《资治通鉴》卷278，页14a。
[2]《资治通鉴》卷278，页16a—b。《新五代史》。这种分食人肉，似乎是专门针对那些吞噬民脂民膏、不得民心的官员，是一种仪式性的行为。对比一下张彦泽的例子，947年，契丹皇帝以洗劫开封城的罪名，将其正法，尸首被百姓肢解分食。见《资治通鉴》卷286，页1b—2a。日本学者桑原骘藏曾经撰文对中国食人习俗做全面研究。他将中国历史上出现的众多食人事件分为以下几类：①凶荒之年，②围城之中，③饕餮之癖，④出于嫉恨与复仇，⑤人肉作药引。见《支那人食人肉的习俗》,《东洋学报》1924年第14期。

感到后悔，于是派出使者前去解救，但已经来不及救下这个不幸的人。[1]此时，建州围城的局势越来越有利于入侵者，但这种局势引起了吴国手握大权的官员徐知诰[2]的注意。蒋延徽是吴国开国之君杨行密的女婿，同时也是吴国皇子之一杨蒙的至交。徐知诰害怕蒋延徽一旦成功，那么在淮南的"挺杨派"声望大张，可能会挫败其改朝换代的计划，因此，他派出使者要求蒋延徽班师回朝。蒋延徽将军得到消息，闽国军队加上吴越援军马上就要到来，此时尽速撤军，显得更为明智。因此，他停止围攻，拔寨撤兵。福建人受到鼓舞，趁势追击，给他的军队以惨重打击。徐知诰乘机将蒋延徽贬职为卫军指挥官，并遣使与闽国重修旧好。[3]

新年伊始（935年二月六日），闽国就启用了新的年号——永和，意为"永久和平"（毫无疑问，这一年号是为了纪念闽吴之间的和平），同时大赦天下。[4]此后不久，那位奢靡成性的陈夫人，也就是金凤，被册封为皇后。[5]

---

1 《资治通鉴》卷278，页16a—b。据记载，那位炙手可热的巫师盛韬（见下文"信仰"章）也在此时被一并处死，然而却未透露原因。
2 他后来在937年推翻了自己的国君，建立了南唐王朝。《南唐书》（卷1，页3）载闽国曾怂恿他早登王座。徐知诰最初的国号为齐，随后改为唐（与此同时，在中国北方的后唐被后晋所取代）。徐铉《稽神录拾遗》（"丛书集成"本）卷5记载，在吴国入侵期间，寺庙曾被侵略军占领，庙里和尚一律被处死。毫无疑问，其所指即这场战争。
3 《资治通鉴》卷278，页16b。
4 《资治通鉴》卷279，页16a。
5 同上。

第三章 历史 061

福王王继鹏如今正为自己登上皇位奠定基础。他是皇后及其亲友的仇敌，于是他以皇城使李仿作为自己复仇的工具。这一年的秋天，皇帝病重，据说这个消息传到福王耳中，他面露欣喜之色。李仿判断延钧应该会一病不起。他们采取的第一步行动是针对皇后的情人李可殷的，十一月十六日，李可殷被梃杖击毙。次日，皇帝病况好转，能够处理政务，金凤向他抱怨王继鹏党的这次暗杀。王延钧召群臣上朝，开始追诘此事。李仿甚为惊恐，率领一群暴徒冲上殿去。暴乱吓到了皇帝，他逃到九龙帐中躲避，后被人发现并刺伤，在地上痛苦地打滚。同时被杀死的还有陈皇后及其亲属陈匡胜、皇帝最宠爱的归守明和王继鹏既痛恨又畏惧的弟弟王继韬。[1]

康宗皇帝[2]

935年十一月十八日，弑君次日，王继鹏登基称帝，改名为昶，并为其父、那位被谋杀的皇帝加上恰如其分的谥号，同时大

---

1 《资治通鉴》卷279，页20a—b。《新五代史》。至少有一个人哀悼皇帝之死，那就是善良的太监林延禹。他被派往广州，作为南汉清远公主与故国的联络员。他以类似闽国领事的身份留在那里，但同时也是南汉皇帝的臣属。据记载，他听到王延钧被弑杀的消息就请求回闽，但被拒绝。于是他身穿白衣，面朝自己国家的方向，哭了3天。见《资治通鉴》卷279，页20b。
2 参看附录二。王继鹏是已故闽王的长子，《新五代史》称其为惠皇帝，庙号太宗。这些称号无法在其他文献中得到证实，虽然《册府元龟》（卷224，页6a）载其为惠帝。我仍然以《资治通鉴》为准。

赦天下。皇太后监国，王继鹏权知福建节度事，同时遣使向后唐朝廷表奏其事。他心爱的李春燕成为贤妃。[1]

此时，朝政大权的实际掌控者是弑君的那位李仿。[2] 然而，他了解弑君者的一贯下场，内心惴惴不安。因此，他豢养了一支私人武装来保护自己的安全。从王继鹏的角度来看，他的这位代理人权力过重，十分危险。为此王继鹏选择了一个名叫李延皓[3]的官员，混入李仿团伙，逐渐取得李仿的信任，从而使得李仿的私人护卫成了摆设。[4] 此次阴谋成功了。十二月十九日，李延皓的一群卫士抓住李仿，将其斩首，并且悬挂于宫门之上。[5] 李仿的千余护卫攻击皇宫，烧毁启圣门，夺回其首领的头颅，逃到了吴越。王继鹏立即下诏，将弑杀先帝及皇后等人的罪名，全部

1　《资治通鉴》卷279，页20a—b。
2　他的官职变成判六军诸衙，闽国政府最高官职之一。《闽侯县志》（卷50，页1a）保存了"六军"中两支的名称：龙虎和天霸。"六军"是天子之师（见《周礼》"夏官司马"）。
3　《资治通鉴》载其为拱宸都指挥使，然而《新五代史》却没有提及这位间谍，而称大享军参与此事。后者一定是"六军"之一，可能是李延皓指挥的，因此李延皓才能成为李仿的下属。
译注：检《资治通鉴》，"李延皓"应作"林延皓"，应是笔误。又，作者此处对"大享军"的理解有误。按《新五代史》卷68，"昶患之，因大享军，伏甲擒仿，杀之，枭其首于市"。"大享军"即大规模宴享军士之意，非军队之名称。《汉书》卷1："秦民大喜，争持牛羊酒食献享军士。"
4　《资治通鉴》卷279，页21a—b。《新五代史》。
5　此据《资治通鉴》。《新五代史》称"枭其首于市"。前者所记与下文的叙述较为一致。

推到李仿一人身上。大概他在此劣行中所扮演的角色并非众所周知，而李仿是唯一可能的知情者。

最高军事指挥官（判六军诸卫）一职现在被授予另一位皇室成员、建王王继严，而宣徽使[1]和参政事被授予德高望重的叶翘[2]。后者在职并没有多久。他向其君主进谏，指出皇帝偏宠李春燕是对梁国夫人李氏的伤害。李氏是皇帝的第一位妃子[3]、平章事李敏之女，也是惠宗的外甥女。这位老者在这件事上纠缠不休，皇帝失去耐心，就将他打发回永泰老家颐养天年。王继鹏用一句双关语暗示他的这一举动，"一叶随风落御沟"，"叶"就是暗指叶翘的姓。[4]

936年四月，也就是北方刚刚建立的后晋王朝的天福元年，继鹏改元通文。[5]同时，他将春燕册升为皇后，尊其祖母为太皇

---

1 这一官职是唐代所设冗官之一，但唐代正史未载此职。与枢密使一职相同，此职最初也是由太监担任，负责内库、宴飨、朝会等。五代时期，宣徽使是一个位置极高的中央官吏，不一定由太监出任，且常由枢密使兼任。《文献通考》卷58，页525c—526a。"宣徽"一词，意为"彰显华美"，见于《北史》（卷13，页2785d），这是侍候拓跋氏皇帝的"下媵"之一，另有"宣明"与此类似。
2 此人在别的地方也被称为"国翁"，他是王继鹏登基前的老师。
3 原文为"元妃"，但这并不是与"贤妃"类似的正式封号，只是表示"最初的配偶"。参阅《左传·隐公元年》的注。
4 《资治通鉴》卷279，页21a—b。
5 "通文"意为"博通的文化"。事实上，后晋朝直到本年十一月才取代后唐而正式建立，但我在这里遵照中国人使用年号时的回溯习惯，将这一年号来涵盖整个时间段。本年是很重要的一年，契丹此时掌管北中国之事务，高丽的王建在新罗和百济投降之后，取得了朝鲜半岛的霸权。

太后。[1]

至此，王继鹏在谋弑其父事件中扮演的角色已广为人知，或者说，受到怀疑。福建人得悉后唐灭亡的消息后，将后唐最后一位统治者，通过谋杀前任皇帝而夺得皇位的潞王，与自己的皇帝相类比，发出了"将如吾君何"的疑问。[2] 新皇帝似乎与自己的臣下相处并不融洽。这可能导致他听信一些叛乱的谣言，因为据我们所知，在937年的初夏，他往王国各地派出使者，"伺人隐慝"。[3]

王继鹏现在决定要尝试从衰微的后晋王朝那里获得对他自治权的认可，于是，在937年十一月，他指示其弟威武节度使王继恭[4]给北国朝廷上表，宣告自己继皇帝位，并且请求在后晋国都设立一个自己的官邸。[5] 可以回想起来，自932年王延钧中断向后唐进贡后，闽国与五代的关系便破裂了。此举可谓修复友好关系的序曲，特别是随行还带去了许多贡品。[6] 但此行的主要问题，是要获得对王继鹏自身合法地位的正式认可。这一点从下面的史实中可以得到印证：938年十一月二十七日，晋朝皇帝任命王继

1　《资治通鉴》卷280，页2b。
2　《资治通鉴》卷280，页18b。
3　《资治通鉴》卷281，页4b。
4　译注：英文原文作"Chi-kung 恭继"，汉字名误倒。
5　《资治通鉴》卷281，页11a。《册府元龟》（卷224，页19b）载继恭为"福州节度使"。
6　《新五代史》。

鹏为闽王，并遣卢损为册礼使，来传达晋皇室的封赏，并赐给王继鹏一领赭袍，但是后者却派使者向晋朝政府解释他不能接受这一册封，因为他已经穿上了帝王的紫袍。[1]

卢损在939年初抵达闽国首都，他还未来得及传达自己的使命，便被告知王继鹏因病不能见他。王继鹏派王继恭代替自己招待来使，[2]不久便把卢损打发回晋都，并派礼部员外郎郑元弼带着王继恭的奏表和贡品同行。[3]

939年春夏时节的突出事件，主要是皇族成员之间的暴力行径与歧视行为，由此导致皇帝自身遭到谋杀。王继鹏妒忌其叔王延武（前建州刺史）和王延望（户部尚书）的名声，听信巫师林兴假托神谕说此二人谋划叛乱。这个巫师带领一群壮士闯入皇叔家中，将两位皇叔及其儿子一并杀死。[4]在这之后的盛夏时节，皇帝对广受士人欢迎的建王王继严心存忌妒和猜疑，进而解除其

---

[1] 《资治通鉴》卷281，页17a—b。十一月二十九日，晋廷同时任命继恭为临海郡王。《新五代史》载"闽王"而非"闽国王"。
[2] 这种粗鲁无礼的行为，激起一位名叫林省邹的贵族的反感，他评论道："吾主不事其君（即晋帝，此之谓不忠），不爱其亲，不恤其民，不敬其神，不睦其邻，不礼其宾，其能久乎？"见《资治通鉴》卷282，页2a。王继鹏对卢损的怠慢，在一定程度是因晋使讥讽闽国中书舍人刘乙造成的。见《新五代史》。
[3] 同上。
[4] 《资治通鉴》卷282，页3b。

统军之权，而代之以其弟王继镛。[1]同时，林兴装神弄鬼的把戏被识破，他被流放到了泉州。[2]

皇帝的这些作为，加上连重遇和朱文进统领的两支禁卫军的不悦，引发了一场叛乱。王继鹏怀疑连重遇对毁掉北宫的那场大火事先知情，内学士陈郯将皇帝的怀疑报告了连重遇将军。连重遇感到自己性命堪忧，于是统帅两都之兵在八月二十九日夜里攻击长春宫，并焚烧了宫殿。同时，他派人"于瓦砾中"找到皇帝的叔叔王延羲，并向他高呼"万岁"。王继鹏与其家人在忠心耿耿的宸卫都军士的保护下逃出城去，在野外度过了一夜。王延羲让其侄子、前汀州刺史王继业带队追击逃亡的王继鹏一伙。这伙人在一个小村子的屋子里被发现了。王继鹏善射，接连射杀了好几名追击者，但最后还是被击垮，他将弓箭扔到地上，对他的堂兄说："卿臣节安在？"王继业回答道："君无君德，臣安有臣节！新君，叔父也，旧君，昆弟也，孰亲孰疏？"皇帝无言以对。他被抓了起来，与其家人一起被带到陀庄，在那里，他被灌醉后处以绞刑。一道被处死的还有李皇后、王继恭以及这位闽国君主的

---

1 "镛"，"四部备要"本作"镕"，王继严的名字也变成王继裕，理由不明。此时，他官衔中的"诸卫"二字也没有了，只留下"判六军"（同上）。
译注：《资治通鉴》卷282："闽判六军诸卫建王继严得士心，闽主忌之，六月，罢其兵柄，更名继裕；以弟继镛判六军，去诸卫字。"
2 《资治通鉴》卷282，页4a。

第三章 历史 067

儿子们。[1]

景宗皇帝

随着王继鹏的被谋杀，帝国再一次回转为王国的状态。而谋杀这种上天为闽国皇帝们特别安排的死法，王延羲本人最终也没有能够逃过。王延羲立即自称威武节度使、闽国王。他把自己的名字改为曦，改元永隆[2]，大赦囚犯，颁赍中外。他宣告天下，王继鹏是被其亲信部队宸卫都谋杀的。大行皇帝得到了恰当的谥号，其庙号为康宗。[3]王延羲又派遣使者到晋朝，闽国向晋朝称藩。[4]

王延羲任命前太子太傅李真为司空兼中书侍郎、同平章事。[5]

处决前皇帝的精神导师之后，连重遇开始了自己新的统治。

---

1 《资治通鉴》卷282，页5a—b、6a—b。《新五代史》。尹洙（1001—1047）《五代春秋》（卷下，页8）载"闽人弑其君胡"，此处"胡"明显是"昶"字之误。
2 《资治通鉴》卷282，页6a—b。《新五代史》。关于采用此年号的日期，参见《资治通鉴考异》卷30，页4a。一种权威说法认为，采用这一年号不可能早于940年底，因为晋朝册封王延羲为闽王在940年底。但是，王延羲此前已自封为王。
3 《资治通鉴》卷282，页6a—b。
译注：《资治通鉴》卷282："以宸卫弑闽主赴于邻国；谥闽主曰圣神英睿文明广武应道大弘孝皇帝，庙号康宗。"
4 同上。《新五代史》。
5 《资治通鉴》卷282，页6a—b。

068　闽国

道士陈守元想要乔装逃出宫去，却被连重遇的士兵抓住并杀死。闽王也派使者到泉州，处死巫师林兴。[1]至此，连重遇便是国中最有权力的人了。

与此同时，本年早些时候康宗派往晋朝的纳献使仍继续一路向北，直到939年十一月二十六日，他们才抵达后晋首都大梁。由死去的王继恭撰写的奏表，如今由郑元弼上呈给后晋皇帝，表中对北方走马灯似的改朝换代语带轻蔑，暗示上天已收回对五代所谓"皇帝们"的垂青，同时寻求闽国和晋朝之间分庭抗礼二君并尊的外交礼仪。十一月二十八日，晋帝降诏拒收闽国纳献，并马上押送郑元弼与进奏官林恩出境。然而，一位晋朝大臣却建议皇帝说，表奏体现的是王继鹏的傲慢以及明目张胆的僭越，对他最好的惩罚，就是没收他的贡品，囚禁他的使臣。此事就这样处理了。[2]

940年二月，郑元弼再一次被带到皇帝面前。他俯身拜倒，

---

1 《资治通鉴》卷282，页6b。
2 《资治通鉴》卷282，页7a。《新五代史》。《册府元龟》(卷233，页12b—13b)载有此事的诸多细节。司马光在《资治通鉴考异》(卷30，页4b)中引用《洛中纪异》所载："昶既为朝命所责，乃遣使越海聘于契丹。"文章接着记述王继鹏如何将晋朝没收的贡品献给契丹，又说契丹首领迫使晋国放弃贡品，并释放了闽国使者，此后，闽国派往契丹搜寻良马的使者不绝于途。司马光在其史书中没有采用这条材料，原因是此时王继鹏早已去世，他无法得知自己所派使者的命运。然而，如果《洛中纪异》的作者对闽国纪年没有一个清楚的概念，他很可能将福建与契丹交往之事归于先帝王继鹏，而不是王继鹏的继承者。

完全抛弃了对闽国的忠诚，说道："王昶蛮夷之君，不知礼义，陛下得其善言不足喜，恶言不足怒。臣将命无状，愿伏铁锧，以赎昶罪。"晋高祖大度地赦免了这个人，放其还乡。[1] 此事发生在二月十五日。

兄弟阋墙再一次使闽国陷入分裂。建州刺史王延政经常向首都上书，责备其兄长。作为回应，延羲派遣重新得宠的老臣叶翘[2]去"监视"建州军队，叶翘与另一名监军杜汉崇定期向皇帝汇报王延政的个人动向。有一次，叶翘甚至指责王延政要谋反。建州刺史欲斩之，但叶翘及时逃脱了，接着就与"监视"南镇军[3]的杜汉崇一起，试图武力抵抗王延政的军队。但是，他们被击败

---

1 事实上，郑元弼直到八月七日才启程返回闽国，一同回去的有350人。《资治通鉴》卷282，页12a；《册府元龟》卷42，页29a—b。关于郑元弼回朝，我综合了《资治通鉴》（卷282，页8a）和《新五代史》的两种说法，两种说法实际上是一致的，除了各有一句见于其中一书，而不见于另一书。郑元弼将福建人描述为"蛮夷"，目的是让那天在场的北人高兴，对北人来说，闽仍属于边境地区。尽管郑元弼说了那些话，他返回福州后，仍继续服务于闽朝廷。我们发现，他在944年一月被王延羲任命为谏议大夫（《资治通鉴》卷283，页17b），时在王延羲称帝之后。可见他对晋帝的表白是言不由衷的，否则，他会成为好的谏议大夫（亦即如果郑元弼能像在晋帝面前那样正直敢言的话，他在闽国也会成为一名好的谏议大夫）。
2 译注：此处似误。据《资治通鉴》卷282，此处原文为"业翘"，胡三省注："史炤曰'业'当作'邺'。《风俗通》，汉有梁令邺凤。"且前文已言："昶批其纸尾曰：'一叶随风落御沟。'遂放归永泰。"则此"业翘"非"叶翘"。
3 这支军队驻扎在王延政与王延羲控制区域的交界处，受后者控制。见胡三省注。
译注：胡三省注"南镇军"曰："按福州西北与建州邻。闽主盖置南镇军于福、建二州界，扼往来之要，故是后王延政攻南镇，而福州西鄙戍兵皆溃。"

了，只能逃回国都。[1]王延羲立即派统军使潘师逵与吴行真统兵4万，攻打王延政。建州城被围，王延政遣使向吴越求救。吴越王钱元瓘不听其丞相的建议，派仰仁诠与薛万忠率军4万增援王延政。此事发生在四月六日。

四月十二日，王延政成功地完成了一次对潘师逵小部的突击。次日，他夜袭敌营，斩杀潘师逵。后者的军队四散奔逃，建州的得胜之师继续攻向吴行真的军营，大军还未到达，吴行真军便弃营而逃。此时，王延政发现自己已是当之无愧的上福建（upper Fukien，指福建北部地区）之主，其领地又新增了永平、顺昌两镇。[2]无论从哪一点来看，闽国都被分成两个独立自治的国家。

这一年六月，吴越将领仰仁诠终于抵达建州。王延政设宴劳军，并客气地请其班师。但这与吴越的战略思路不合，他们的目的是对福建拥有尽可能多的影响力，所以，仰仁诠在建州城西北安营扎寨。此时，王延政不得不求助于那个他恨之入骨的兄长。王延羲出手相助，派泉州刺史王继业率军两万支援建州，又写信谴责吴越王。与此同时，他组织游击战，切断了吴

---

[1]《资治通鉴》卷282，页8b—9a。
[2]《资治通鉴》卷282，页9a—b、9b—10a。顺昌是上文曾提到的王延禀庙所在之地。南唐征服上福建后，立顺昌为县。见《十国春秋》卷112，页16a。

第三章 历史 071

越军的补给线，结果仰仁诠很快发现自己的军队补给枯竭。王延政抓住这个节点，主动出击，成功击败了原本是盟军的仰仁诠部，俘获成千上万的吴越兵。六月二十六日夜，仰仁诠率残部仓皇逃窜。[1]在这种情况下，两兄弟和好如初看起来大有希望，确实，在淮南和江南地区接替了吴国皇帝的南唐皇帝，也于此时派来使者，专门调和王延政与王延羲之间的关系，希望他们和好。兄弟二人在宣陵宣誓结盟，但仍然互相猜疑，一如从前。[2]

十二月二十四日，王延羲被后晋王朝授以威武军节度使、中书令和闽国王的空衔，至少这最后的一个头衔，他早已这么自称了。[3]新一年（941）的年初，他以富沙为王延政之封地，并封他为富沙王。[4]

但越来越多的事件，让皇帝与富沙王之间的麻烦也越来越多。王延羲有理由怀疑王延政和汀州刺史王延喜密谋反叛，因此，他将后者抓了起来。[5]他也怀疑王延政与泉州刺史王继业同谋，同样抓捕王继业，迫其自杀，并将其子全部处死。与此同

---

1 《资治通鉴》卷282，页10a—b。
2 《资治通鉴》卷282，页10b—11a。
3 《资治通鉴》卷282，页13b。《五代会要》卷11，页145。
4 《资治通鉴》卷282，页14a。此封地在延平附近，建州西南。见《十国春秋》卷112，页16a。
5 《资治通鉴》卷282，页14b。

时，与王继业交好的同平章事杨沂丰也被处决，并遭灭族。[1]这些暴虐行径激起王延羲大臣们的抗议，其中一位名叫黄峻的大臣被降职，另一位大臣陈光逸则在严酷鞭笞后被吊死于树上。[2]

此时，王延羲感到大权在握，地位安如磐石，于是在941年八月自称大闽皇。[3]他与王延政间立刻爆发了战争，虽然在建州和福州之间的大地上"暴骨如莽"，但是双方之间一直没有决定胜负的交战。[4]其间双方一度达成停战协定，但毫无用处。王延政肆无忌惮地在王延羲使者面前炫示自己的军事力量，他手下有一位大臣潘承祐提议和平休战，他就威胁要把潘承祐吃了。[5]

王延羲对他的侄子们仍然疑心重重。王继严时任泉州刺史，被皇帝免职后惨遭毒杀。[6]然而，皇帝却对一个年轻人毫不怀疑，这个年轻人的同党正在策划把他从皇帝宝座上拉下来。这人就是他的儿子王亚澄。五月，王亚澄被授同平章事、判六军诸卫。稍后的十月，他又受封长乐王，被授予威武军节度使、中书令，次年四月，被封为闽王。[7]

---

1 《资治通鉴》卷282，页17a—b。
2 《新五代史》。《资治通鉴》卷283，页12a。
3 《资治通鉴》卷282，页18a。这一称号也被刻在他的塔铭上，见下文"佛教"一节。
4 《资治通鉴》卷282，页18a。
5 《资治通鉴》卷282，页18a—b。
6 同上。
7 《资治通鉴》卷282，页14b、20a；卷283，页2a。

941年十一月，王延羲正式称皇帝。同月，丞相李敏卒，王延政自称兵马元帅。[1]

942年夏末，王延羲与王延政之间再次爆发战争，战端起于王延政围攻汀州。皇帝予以双重反击，他从漳州和泉州派出5000人的军队救援汀州，大部队在林守亮和黄敬忠的率领下，分别到达尤溪和屯口，作为攻击建州的第一步行动。[2]这两支部队还得到第三支部队的后援，那就是黄绍颇率领的8000步兵。王延政多次强攻汀州城而不克，只好撤兵。但是八月二十九日，他的将领包洪实和陈望利用河中舰船运载水军在尤口击溃了黄敬忠军，林守亮和黄绍颇的部队马上逃回到都城。[3]毫无疑问，这个时候王延羲脑中已经确定王延政军力强于自己，于是，他派使者带着一封求和书信、一个价值连城的金器[4]、大量的金钱和640封委任状，前去见王延政。王延政对自己的力量深信不疑，拒绝接受这些礼物。[5]

943年一月，福州朝廷之上来了一个皇帝的新宠，那就是前

---

1 《资治通鉴》卷282，页20b。
2 《资治通鉴》卷283，页4a。这些地名中出现的"尤"字，实是姓氏"沈"字的简写。沈姓在此地十分常见。此字读音已被改变，这种改变是为了避王审知之名讳，两字古音均读 *siam。参见《舆地纪胜》卷133，页5a。
3 《资治通鉴》卷283，页4a—b。
4 译注：此处作者有误解。《资治通鉴》卷283原文作"金器九百"，并非一个金器，而是900个。
5 《资治通鉴》卷283，页5a。

盐铁使、右仆射李仁遇。他是前丞相李敏与王延羲姐姐所生之子，现在被提拔为左仆射兼中书侍郎，同时，翰林学士李光准被任命为中书侍郎兼户部尚书。[1]

处于闽西北的王延政，自觉权位已稳，咄咄逼人，遂自称皇帝，国号大殷，照例宣布大赦天下，三月改元天德。[2] 新皇帝新设立了两个州：将以前的将乐县改为镛州，将以前的要塞延平镇改为镡州。他的夫人张氏被立为皇后。

重要的任命包括：

潘承祐——吏部尚书、同平章事；
杨思恭——兵部尚书、仆射、录军国事。[3]

此后不久，潘承祐便被免职，原因是他在给王延政的奏章中胆大妄为，大肆指责皇帝，指责皇帝发民为兵，羁旅愁怨，在荒芜之地新设州县，增吏如云，劳民伤财，将建州暴露在南唐和吴越攻击范围内，不与周边国家修好，等等。[4]

---

[1] 《资治通鉴》卷283，6a—b。
[2] 《资治通鉴》卷283，页9a。《南唐书》（卷1，页4）将此事系于939年初，可能是与本年王延羲即位混淆了。
[3] 《资治通鉴》卷283，页9a—b。
[4] 《资治通鉴》卷283，页11a—b。这份奏疏中对皇帝提出的其他批评，参看"朝堂""经济"和"建筑"等章节。

四月，王延羲纳金吾使[1]尚保殷之女为妃，立为贤妃。次月，他的都城受到在尤口取胜的殷将陈望的袭击，但在开头的小胜之后，殷军被击退。[2]南唐统治者再一次试图调停闽国和殷国皇帝之间的关系。944年二月，他分别给二人去信，谴责两兄弟间的这场冲突。王延羲回信中，征引古代天子曾诛杀不贤兄弟的先例，[3]而王延政的回信就更不讨喜了，他指责南唐皇帝篡夺了杨吴末帝的皇位。由此，南唐和殷国的关系破裂了。[4]

同时，两位弑君者朱文进和连重遇担心会被报复，于是他们相互联姻，来确保彼此的安全。但是，王延羲已经决定，这两人必须死。[5]他时常在酒宴上对二人大声嘲讽，朱文进和连重遇则两泪涟涟，坚称对皇位全无野心。丞相李真之女李皇后，对皇帝

---

[1] 金吾使负责宫廷安全，在古代中国，它最初的职责是守护尊贵之人，使之免受妖邪影响。
译注：《汉书百官公卿表》颜师古注："金吾，鸟名也，主辟不祥。天子出行，职主先寻，以御非常，故执此鸟之像，因以名官。"汉有执金吾，唐宋以后有金吾卫、金吾将军、金吾校尉、金吾使等。
[2] 《资治通鉴》卷283，页11a。"尚保殷"一作"可殷"，参见《资治通鉴考异》卷30，页4b。
[3] 具体来说，他在信中讲的是周公如何杀死自己的弟弟管鲜，囚禁另一个弟弟蔡度，二者的罪名都是仇恨周公，以及唐太宗如何杀掉他的兄弟李建成和李元吉。
[4] 《资治通鉴》卷283，页19b。
[5] 此时，朱文进似乎仍是拱宸都指挥使，但连重遇的头衔是阁门使，属于宫廷内侍之职。控鹤都指挥使如今是魏从朗。此人是朱、连二人的同党，此时被处死。见《资治通鉴》卷284，页3a。

专宠尚贤妃大为嫉妒，妒极生恨，她谋划谋杀亲夫皇帝，然后推其子王亚澄继位。她利用这两位弑君者作为自己复仇的工具，派人给他们带去口信："主人（皇帝）殊不平于二公，奈何？"两位大臣为了自保，立即采取措施，他们派拱宸都将领钱达在王延羲探望李真之疾回来的路上谋害了皇帝。这次暗杀发生在944年四月八日。[1]

暴君（朱文进）

此时，王延政成了福建唯一的皇帝。但是，这两位弑君者却没有对他做任何暗示。相反，朱文进和连重遇召集百官于朝堂，对他们这样说："太祖昭武皇帝光启闽国，今子孙淫虐，荒坠厥绪。天厌王氏，宜更择有德者立之。"群臣默然无语，于是，连重遇护送朱文进走入大殿，为其披上龙袍，加上冕旒，率领百官跪拜新的闽主。

朱文进立即下令逮捕所有王氏家族成员，自王延喜以下，全部处死，少长凡50余人。大行皇帝被追谥，谥号很长，极称

---

[1]《资治通鉴》卷284，页3a。《五代春秋》（卷下，页8）载皇帝名为"延义"，误；此书将其遇害系于本年秋天。我采信《资治通鉴》的纪年。《新五代史》载皇帝是在从酒宴醉归的途中被刺，而《五国故事》（卷下，页8b）则记他去临幸宠妃，在回来的路上被杀。各种文献都说他死的时候是骑在马背上的。

其贤德，庙号景宗。连重遇被授予各种头衔，包括最重要的判六军诸卫事。[1]谏议大夫郑元弼对这一切拒不服从，即刻被罢职归田。[2]

此时被任命的重要政府官员有：

> 鲍思润——同平章事（前枢密使）；
> 黄绍颇——泉州刺史；
> 程文纬[3]——漳州刺史；
> 许文稹[4]——汀州刺史。[5]

朱文进渴望与南唐维持表面上的友好关系。他向南唐遣使，但使者却未受到善待，反而被关进监狱。南唐皇帝原本计划于那年夏天侵袭闽国，却因国内暴发瘟疫而取消。[6]被南唐断然拒绝

---

1 《资治通鉴》载为"总六军"，此处我依据《新五代史》。
2 《资治通鉴》卷284，页4a。
译注：《资治通鉴》卷284，"葬闽主曦，谥曰睿文广武明圣德隆道大孝皇帝，庙号景宗。以重遇总六军。礼部尚书、判三司郑元弼抗辞不屈，黜归田里"。按：据此，则郑元弼此时的身份非谏议大夫。
3 《新五代史》作"程赟"，我无法确定哪个是正确的。
4 《新五代史》作"文缜"。
5 《资治通鉴》卷284，页4a。
译注：《资治通鉴》卷284，"汀州刺史同安许文稹"。
6 《资治通鉴》卷284，页5b。《南唐书》（卷2，页11）增加了闽使后来被释放的内容。

之后，朱文进感到他需要另外找一个保护人，于是他向后晋派遣使者，并且自称藩国。后晋授其为威武军节度使、知闽国事。这件事发生在944年九月三日，[1]也就是后晋开运元年，当时福建沿海地区也使用这一年号。[2]

与此同时，王延政对谋杀其兄弟和侄子们的凶手发起了军事行动。他首先派统军使吴成义攻击福州，但未能成功。接着在本年秋天，他又派出两支部队：一支3000人，由陈敬佺统领，驻扎尤溪和古田；另一支2000人，由卢进统领，驻扎长溪。这些特遣队大概先用来防卫边境，等待时机成熟，他会再发起对朱文进的另一轮大规模军事行动。[3]

然而，朱文进的帝国此时已经摇摇欲坠了。动乱是从泉州开始的。黄绍颇在那里代表朱文进进行管理，但是他仅仅是挡在年富力强而又野心勃勃的军事将领留从效晋升路上的暂时的障碍物。[4]留从效组建了一个"亲王集团"，重要成员有王忠顺、董思安和张汉思。[5]这一集团的核心目标是支持王延政，在留从效看来，王延政最有可能最终掌控福建全境。于是，参与这一密谋的

---

1 《资治通鉴》卷284，页7a。
2 《新五代史》。
3 《资治通鉴》卷284，页7b。
4 留从效最终成了泉州和漳州的独裁者。见《九国志》（卷10，页100—101）以及《宋史》卷483本传。《五国故事》（卷下，页11a）载其名为"娄从效"。
5 王忠顺和董思安在《九国志》（卷10，页101）有传。

人在留从效家中举办盛大宴会,从各都卫中挑选壮士参加。留从效用好酒款待他们,并且编造谎言,说王延政已经拿下福州,并且下令要惩罚黄绍颇。壮士们被谎言欺骗,又被诱以高官显禄,于是冲进黄绍颇家中,杀死了这位不幸的刺史。留从效随后拿到了刺史印信,将其带到王继勋的府邸。王继勋是仅存的几位王氏家族男性成员之一,留从效请他接管州府。[1] 副兵马使陈洪进被派往建州,向王延政展示黄绍颇的首级。[2] 途中,陈洪进在尤溪被守军拦住。他谎称朱文进在福州已被义军杀死,他要将泉州交给王延政。守军相信了他编造的故事,尤溪守军中的几位将帅随同陈洪进一同前往建州。

王延政听到泉州的消息,就任命留从效、陈洪进、王忠顺、董思安四人为都指挥使,任命王继勋为泉州刺史、侍中。[3] 接着,在福建最南部的漳州,将帅杀死本州刺史程文纬,代之以王氏家

---

1 《资治通鉴》卷284,页7b。《新五代史》。
2 陈洪进这颗新星随留从效而冉冉升起。留从效死后,他成功控制了南福建,后来归附宋朝。其传记见《九国志》(卷10,页102)以及《宋史》(卷483,页5702c)。
3 《册府元龟》(卷224,页20a)记王延政(误作王延正)即位与其子王继勋被任命为刺史同一时间。《资治通鉴》(卷284,页7b)以王继勋为王延政之侄,而《南唐书》(卷2,页11)与《册府元龟》同。

族的年幼成员王继成。[1]最终，朱文进任命的汀州刺史许文稹眼见大势已去，遂向殷国投诚。闽地最初五州中，只有福州还在朱文进手中。[2]945年一月一日，他被后晋皇帝封为平章事、闽国王，这或许给他带来些许慰藉。[3]

这时，这位暴君不得不采取军事行动。新的一年，他以重赏募兵两万，由林守谅和李廷锷统领，向泉州进发。王延政立即派出数量相等的军队，由杜进统帅，来解这座南部城市之围。留从效开门出击，大破朱文进军。[4]王延政派吴成义率水军攻击福州。朱文进这个时候才觉得应该向吴越国求救。

与此同时，闽国西北方向的南唐正准备对殷国采取打击措施。这次行动交由江西安抚使查文徽指挥，以精于战略的臧循为辅。他们先在信州做初步侦察，结果似乎对查文徽有利。因此，

---

[1] 《资治通鉴》载王继勋和王继成逃脱了对王氏家族的大屠杀，是因为他们当时远离都城。
译注：《资治通鉴》卷284："继勋、继成，皆延政之从子也，朱文进之灭王氏，二人以疏远获全。""疏远"可能是指二人在血缘上与王延羲较为疏远。又英文原文译"重赏"为double stipends，已径改。
[2] 《资治通鉴》卷284，页7b。《新五代史》。
[3] 《资治通鉴》卷284，页8b。《五国故事》（卷下，页10b）证实此事，但其指朱文进此时仍采用天福年号，则年代有误。
译注：《五国故事》卷下，"伪朱文进者，王氏时为客省使，既弑其君延羲，乃称藩于朝廷，行天福年号"。按：天福为后晋高祖石敬瑭年号，共九年（936年到944年六月），至此时已改元开运。
[4] 《泉州府志》（卷16，页31a；卷17，页4b）载泉州城北有一"千人冢"，即留从效与朱文进战役中的残杀之所。后于其地建一庙，名为广济院。

第三章 历史 081

南唐遣行营招讨诸军都虞候边镐率军援助查文徽，侵入王延政的领地。查文徽率军自建阳行至盖竹[1]，这时，他接到消息称泉州、漳州、汀州已投降王延政，新任镛州刺史张汉真率军8000人马上抵达，他就退回建阳。臧循率另一支南唐军进驻邵武，但遭遇当地民兵的袭击，臧循被俘，然后被送往建州处以死刑。[2]

当此之时，殷将吴成义正在泉州附近，他派人往福州散播谣言，宣称南唐军已到福建，目的只是协助王延政惩处朱文进。这个消息传到了朱文进耳里，于是二月十二日，他派宰相李光准到建州，向王延政投降。两天后，福州裨将林仁翰带领甲士30名来到连重遇住处，想对连重遇下手。连重遇严兵自卫，林仁翰带来的人都向后退却，但是，林仁翰用长矛一下刺中连重遇，杀死他后，割下其头颅示众。他又趁机鼓动手下这批人接着去刺杀朱文进，朱文进亦被杀。两个人的首级都被呈送王延政，殷国大元

1　盖竹在建州城西北。
2　《资治通鉴》卷284，页8b。
译注：《资治通鉴》卷284，"初，唐翰林待诏臧循，与枢密副使查文徽同乡里，循常为贾人，习福建山川，为文徽画取建州之策。文徽表请用兵击王延政，国人多以为不可。唐主以文徽为江西安抚使，循行境上，觇其可否；文徽至信州，奏言攻之必克。唐主以洪州营屯都虞候边镐为行营招讨诸军都虞候，将兵从文徽伐殷。文徽自建阳进屯盖竹，闻漳、泉、汀三州皆降于殷，殷将张汉真自镛州将兵八千将至，文徽惧，退保建阳。臧循屯邵武，邵武民导殷兵袭循军，执循送建州斩之"。按：据此可知破臧循者非邵武民兵，乃邵武之民为向导，引导殷国军队攻击臧循军。

帅吴成义被迎入城。[1] 朱文进的短暂统治就此终结，但是，王氏家族的时间也差不多用光了。

投机分子（李仁达）

945年二月，王延政应福州群臣的请求，废弃国号殷，恢复闽的国号。[2] 他是最后一位拥有福建全境的统治者。群臣请求将都城从建州迁回海边的前首都——福州。然而，鉴于南唐部队仍然驻留在他的领土上，皇帝觉得迁都并非明智之举，作为替代之计，他将自己的侄子王继昌派往福州，并封他为同平章事、门下侍郎，命其都督南都内外诸军事。与王继昌同去的还有镇遏使黄仁讽。诛弑暴君的林仁翰于此时来到建州，虽有功劳，却甚少封赏。接下来，从福州抽调了包括闽国皇家侍卫在内的5000名士卒，驰援建州，抵抗南唐军。[3]

---

1 《资治通鉴》卷284，页9b。《新五代史》和《南唐书》记载这些事件与之颇为不同。据二书所载，重遇见自己的傀儡皇帝大势已去，亲手杀死朱文进，然后向殷国投诚。后来连重遇被林仁翰所杀。
2 张璜在其《欧亚纪元合表》（"汉学丛书"第24号，上海：1905）第329页指出，王延政改国号为闽及占领福州，时在944年六月，同年八月，他就被南唐俘虏囚禁。不知何故，张璜似乎将这些事件与朱文进攫取闽国权力的时间混淆了，后者才发生在这一年。张璜的纪年表早了一年，《新五代史》的纪年表则又晚了一年。《新五代史》记王延政垮台在946年，同书卷68也犯了同样错误。
3 《资治通鉴》卷284，页12a。

南唐驻扎建阳的指挥官查文徽向朝廷请求增兵。于是，南唐派出以何敬洙、祖全恩、姚凤为统领的数千军士向南进发。南唐联军穿过崇安[1]，在赤岭[2]驻扎，在这里，他们与杨思恭、陈望率领的闽国万人之军隔河对峙。闽国前线总指挥陈望与政治战略家杨思恭之间产生了分歧。陈望称赞敌军阵容整齐、训练有素，主张坚守阵地，不要轻易开启战端，而杨思恭却支持立即开展战斗，他的观点占了上风。南唐指挥官将大部分士兵摆在阵前迎战，又派出一支奇兵绕道闽军背后发动突袭。福建军被击溃，陈望殁于此役，杨思恭仅以身免。[3]

此时，皇帝王延政发现自己在建州已无人保卫，即从泉州召来董思安、王忠顺，带兵5000以防守都城的外围要害。[4]但是，来自北方的这个威胁尚未解除，一个同样大的威胁又从南方接踵而至。

---

1 这是宋朝（994年）设立的县。然而，更早一些时候，它就以"场"存在（见《舆地纪胜》卷129，页4b），位置在靠近南唐边境的大山之中。
译注：《舆地广记》卷34："崇安县，皇朝淳化五年升崇安场为县。"淳化五年为994年，英文原书原作944年，显为误植，径改。
2 赤岭在崇安以南。
3 胡三省在两条注中对杨思恭的能力颇有微词，指责他在赤岭指挥上的失误，又指责他的税收政策加速了帝国的衰亡。关于此次战役的更多细节，参见《南唐书》卷2，页11。
4 《资治通鉴》卷284，页13a。

李仁达是王氏家族的光州老乡，担任元从都[1]指挥使长达15年。当王延羲在位时，他逃到了建州。王延羲死后，他又从建州叛逃回到福州，向朱文进投诚，并献计削弱建州。朱文进一点儿也不喜欢这个朝秦暮楚的投机分子，于是将他黜职，使其还乡。王延政拿下福州并重建闽国后，李仁达看到了新的机遇。总管福州的王继昌是一个终日醉酒的软弱之人，在南都福州极其不受欢迎。李仁达偷偷潜入城中，游说王延政的另一个敌人陈继珣和镇遏使黄仁讽，说应趁王延政全力对付南唐侵略者而无暇他顾之时夺下福州以自立。这几个阴谋家袭击州府，将王继昌和将军吴成义一并谋杀。李仁达本想自己登上皇位，但他有理由揣测，这样做会冒天下之大不韪。因此，他选取了一个为人清白、德高望重的寺庙方丈卓岩明[2]，把卓岩明从乡下寺庙请到福州城里，四月十七日，他拥立卓岩明为天子。但新朝使

1　元从都，顾名思义，是由王审知最早的追随者组成的。
2　关于这个僧人的名字，胡三省发现不同文献写法各异，如《旧五代史》作"俨明"。他的结论是，"岩明"为其本名，"俨"则是其僧名。
译注：《资治通鉴》卷284胡三省注云："考异曰：'《闽录》《启运图》《启国实录》《江南录》作"岩明"，《闽中实录》、《闽王列传》、《九国志》、薛《史》、《唐余录》、《王审知传》、《吴越备史》作"俨明"。'按《启运图》，岩明本名俨，为僧名体明，即位改岩明，今从之。"按：此处薛爱华误解原文。

用后晋的年号,并遣使北上向后晋帝国称藩。[1]当福州篡位的消息传到闽国北都建州,王延政下令将叛徒黄仁讽全家尽数诛杀,以示报复。[2]

皇帝也派出一支5000人的水军顺江而下,由张汉真统领,与来自漳州和泉州的部队合力攻打福州。黄仁讽听闻妻儿遭戮,悲痛欲绝,率领守城军队迎击,重创来袭之军。将领张汉真被俘虏并斩首。[3]

但是,从老传统来看,黄仁讽基本上还是一个君子。此时,他已对自己的所作所为心生懊悔。他对同僚陈继珣说:"人之所以为人,以有忠、信、仁、义也。吾顷尝有功于富沙,中间叛之,非忠也;人以从子[4]托我,而与人杀之,非信也;属者与建兵战,所杀皆乡曲故人,非仁也;弃妻子,使人鱼肉之,非义也。此身十沉九浮,死有余愧!"[5]陈继珣用所谓"大丈夫徇功名"的套话来回应黄仁讽。但是,这个谈话传到了李仁达的耳中,于是二人

---

[1] 《资治通鉴》记此事在后晋天福十年。这应该是正确的,因为天福这个年号是从936年开始使用的。但后晋于944年改年号为开运,所以,正确的说法应该是开运二年。我无法解释这一时间矛盾。有没有可能是闽国并没有收到改元的消息?
[2] 《资治通鉴》卷284,页14a—b。
[3] 《资治通鉴》卷284,页16b。
[4] "从子"这里指王继昌。
[5] 参见《九国志》中的黄仁讽传记,卷10,页98—99。

都被处死。此时，判六军诸卫事李仁达成为福州的独裁者。[1]

最终，李仁达下定决心篡夺最高权力，既有其名，也有其实。七月四日，当和尚皇帝正在检阅军队时，李仁达安排几名士兵突然离开队列，冲上皇位前的台阶，将岩明刺死。李仁达自己佯作惊慌，假装逃跑，军士抓住他，强把他推上已经空出来但血迹斑斑的皇帝宝座。但他只接受了威武军留后的头衔，然后向两个王朝表达了忠心。一方面，他派人给南唐递交国书，愿称藩属之邦，并采用南唐之年号（时为南唐保大三年）；另一方面，他又向后晋纳贡。他还遣使往吴越"修好"。[2]

与此同时，王延政还在为自己的生存而战斗，命运多变。他的都城被包围，从泉州召来的部队被南唐军击败。另一方面，许文稹在汀州战胜了入侵者。有人向皇帝王延政报告，从福州来的援兵并不忠诚于他，因此他解除了他们的武装，将他们遣返南

---

[1] 《资治通鉴》记载了一个有趣的情节，是关于那位政治无能的皇帝卓岩明的。他竟然将其父也请到都城，并尊其为"太上皇"，这是给已让位的皇帝之封号。卓岩明似乎已经完全沉浸在挂名皇帝的特权之中。
[2] 《资治通鉴》卷284，页16b—17a。令人哀悼的已故傀儡皇帝的父亲，也就是所谓的太上皇，也在此时被杀。南唐对李仁达的表示做出了最快的回应。他被授予本州节度使、同平章事，同时赐名弘义，被登记到南唐统治集团的家谱里面。他本姓李，无须再改，因为南唐开国皇帝的徐姓只是其养父之姓，登基之后便恢复了李姓。李仁达改过很多次名，此次是他第一次因投降变节而改名，但是，我还是继续称他为李仁达。

方，但是在半路设下埋伏，并将他们全部杀死。[1]接着，新设立的镡州被唐军将领边镐攻占。当此紧要关口，王延政被迫屈辱地向吴越求援，作为交换，他愿意成为吴越的附庸。[2]

九月末，建州长期被围的形势已经为城内之人切身感受到，建州人极为不悦，闲谈中流露出想要抛弃皇帝的意向。董思安就曾被人问及是否要抛弃皇帝，他回答道："吾世事王氏，危而叛之，天下其谁容我？"董思安似乎是个非凡之人，他的榜样鼓舞了其他人，建州没有开城投降。十月二日，猛攻开始了，有幸成为第一个登上建州城墙的人，是先锋桥道使王建封。建州被攻克。王忠顺战死，董思安与一群忠实的追随者逃往泉州。建州城被不同的军队大肆劫掠。闽国寿终正寝，[3]但王氏家族的谱系至今亦未断绝。由闽国皇帝传衍下来的福建王氏，被称为"开闽王"。[4]

---

[1] 伏击的士兵将受害者的肉做成肉脯，作为返回建州途中的肉食。可能这是半仪式性质的食叛徒之肉的另一个例子。
[2] 《资治通鉴》卷284，页18a—b。
[3] 《资治通鉴》卷285，页1b。闽地农民早就对杨思恭的苛捐杂税不满，因此欢迎南唐军来到建州乡下，这在某种程度上使南唐的入侵变得更加容易。《南唐书》（卷2，页12）指出建州的战略防御点在西岩和延平（也就是镡州），这两处天险在建州被攻陷前就已经被削弱了。
[4] 《闽县乡土志》页234a。王审邦的后人多聚居在长乐县，见《侯官县乡土志》卷5，页8a。

军阀（留从效）

945年十月，福建大部已落入来自淮南的征服者之手。建州陷落后，汀州、泉州、漳州刺史纷纷向侵略者投降，但都被留在原地管理本州。建州变成了永安军。[1]

但是在946年五月，泉州刺史王继勋被野心勃勃的军人留从效废黜，留从效刚刚击退李仁达针对他的行动，接着被南唐任命为泉州刺史。另外两位刺史，汀州刺史许文稹和漳州刺史王继成被从福建调离，分别给予南唐帝国的和州刺史和蕲州刺史之职。[2]至于王延政，他被带到南唐都城金陵，并被任命为羽林大将军。[3]

在福州，李仁达拒绝向南唐和平地投降，因此在九月十七日，南唐将领陈觉率水军击败了李仁达。此时，他全身心地向后晋投诚，再次更名。[4]十月，南唐军再次攻城，李仁达改向吴越投诚，并请求军事支援，同时第三次改名。[5]吴越国主决定在福州建立

---

1 《资治通鉴》卷285，页1b。《南唐书》卷2，页12。
2 《资治通鉴》卷285，页5a—b。《新五代史》载泉州改为清源军，即以留从效为节度使。据《南唐书》，则泉州改为清源军是后来的事。
3 《资治通鉴》卷285，页2b。其后，948年他被任命为安化军节度使，镇守饶州。《资治通鉴》卷287，页16a。
4 这次他改名为"弘达"。《资治通鉴》卷285，页9b。
5 这次他改名为"达"。《资治通鉴》卷285，页9b。

一个缓冲国，于是派出水陆两军驱逐南唐大军。吴越远征军在十二月十八日抵达福州，但与南唐军的战事难分胜负，直到947年四月七日，闽军突围而出，同时吴越水陆两军两路合击，南唐军大败，浙江人进入福州城。[1]

与此同时，漳州发生了一场叛乱，被留从效粉碎，南唐将其同僚董思安任命为漳州刺史。[2]留从效和董思安受命参加攻打李仁达之役，但福州很快就被吴越占领，他们二人又回到了南方。[3]

李仁达在觐见新的吴越王之后，第四次更改了自己的名字（秉承吴越王旨意）。[4]然而，他是个只忠于自己的人，因此，他决定谋杀在福州的吴越戍将，并再次依赖南唐。但是事情败露，他被满门抄斩。[5]948年二月十一日，吴越国任命越人为威武军节度使。[6]

此后，留从效将南唐戍军逐出泉州和漳州，于是闽国被完全分割开了。北部的建州、西部的汀州归属南唐，东北的福州

---

[1] 《资治通鉴》卷286，页11a、12a、13b。这场占领之役对南唐来说并不简单。据载，后晋帝国被契丹人消灭后，那些野蛮的征服者们邀请南唐皇帝接管黄河盆地一代。但南唐国主回答道："闽役愈矣，其能抗衡中原乎？"《南唐书》卷3，页15。
[2] 董思安开始拒绝这一任命，因为其父名"章"，要避讳，而南唐只把漳州改为南州，就解决了这一问题。《资治通鉴》卷285，页11a。
[3] 《资治通鉴》卷286，页14a。
[4] 这次改为"孺赟"。《资治通鉴》卷287，页7b。
[5] 《资治通鉴》卷287，页14b。
[6] 《资治通鉴》卷287，页15a。

归属吴越，东南的漳州和泉州在留从效统治下保持独立。后来，在遥远的北方，后周取代了后晋，留从效向胜利者周世宗皇帝请求归属，然而，他的请求被拒绝了。因为在淮南地区，从南唐归属后周之后，唐、周两国便正式划江为界，而周世宗拒绝干涉南方的政治。留从效继续担任名义上的南唐代理人。962年，留从效去世，他的领地归属旧僚陈洪进。977年，陈洪进将闽地献给宋朝。[1]

---

[1] 《新五代史》。

第四章

经　济

物产与贡品

据《宋史》所列,福建路最重要的物产如下:银、铜、葛(大概既有葛布,又有地面种植的药用葛根)[1]、茶、盐和海产品。[2] 其他文献资料提供的充分证据表明,纵观整个福建历史,这份物产清单是很准确的。

银,无论是做成银锭的样式,还是被本地工匠打造成银器,

---

1 译注:据《宋史》卷89,"有银、铜、葛越之产",葛越即用草木纤维织成的葛布,因此不包括药用葛根。
2 《宋史》卷89,页4710c。

都是闽国政府进贡给五代朝廷最常见的贡品。[1]这种金属是在闽国西部高地市镇附近开采出来的,特别被提到的有宁化、将乐、建安和尤溪。[2]在贡品清单上,银的数量往往相当大,比如929年十一月进贡6500两,或930年十一月进贡7000两。

作为贡品,铜的价值并不大,但是,当地铜冶产业繁荣,铜矿在西部高地上,与银坑属于同一地区。[3]

葛布纺织是闽国的主要产业,闽国以大量葛布作为向北方国家政府户部交纳商业税的支付方式。因此,941年十一月十八日,后晋为此收到闽国葛8840匹。[4]这种植物的根磨成粉后可以入药,但我没有找到闽国进贡葛根粉的记录,虽然它可能包含在"香药"这一大类中。

10世纪的福建以茶闻名,至今也是如此,当时的中国北方对

---

[1] 详见《册府元龟》。该书提及"纳献使"的情况如下:924年十一月(卷169,页8a),927年十二月(卷169,页10a),929年十一月(卷169,页11a),930年十一月(卷169,页11a—b),938年十月(卷169,页15a—b),941年十一月(卷169,页18a),943年一月(卷169,页19b—20a),908年十月(卷196,页13a),910年八月(卷197,23a),911年(卷197,页23b),912年(卷197,页24a)。在5个或5个以上贡品清单中出现过的有:银、象牙、犀角、香药、香蕉(各种形态)、葛(各种形态)、茶。日本学者日野开三郎曾对闽国进贡制度进行深入分析,详见其文章《五代闽国对中原的朝贡与贸易》,载于《史渊》卷26(页1—50,1941)和卷27(页1—47,1942)。在这个研究中,物产的中文名称并未被具体地指明,作者同时将闽国统治者"延钧"误为"延钓","延羲"误为"延义"。

[2] 《新唐书》卷41,页3728c—d。《宋史》卷89,页4710b—c。

[3] 同上。

[4] 度支户部商税。见《册府元龟》卷169,页18a。

茶的需求量极大，就像后来的西方世界一样。以西北部的武夷山命名的茶种，英文名为Bohea（武夷茶），如今正以Oolong（乌龙茶）的名称享誉全球。这些茶的名称在中国历史的中古时期尚不为人所知，但在福州和建州，茶叶种植是主要产业之一。这也就是说，茶叶种植围绕在大城市的周边，虽然茶树在本省各处广泛种植。建州有几种特殊的茶种，石乳茶和龙茶[1]，后者被蔡襄描述为"最为精好"[2]。闽国的贡品清单上，也经常提到"大茶"。据《福建通志》称，世界上最好的茶是在建州凤凰山脚下的北苑焙制的，这部方志记载，龙启（933—934）年间，此地居民张廷晖率先制作这种茶，北苑之名就是从这个时候叫开的。[3]蔡襄自己写道，北苑所焙之茶味道最佳。[4]此地出产的茶在宋代极为出名，并且被作为土贡定期送往开封。因此，"建州岁贡大龙凤团茶各

---

1 《宋史》卷89。"龙凤茶"亦作"龙凤等茶"。《太平寰宇记》（卷102，页6b）载漳州有"蜡茶"，943年贡品中亦有"蜡面茶"。《太平寰宇记》是一部很有价值的宋代文献，我用以补充《新唐书》和《宋史》。此书所载福建的特产，毫无疑问10世纪时是可以在当地找到的。具体提到各地的页码如下：福州，卷100，页3b—4a；南剑州（宋代新设，在延平），卷100，页9b—10a；建州，卷101，页3b；泉州，卷102，页3b；漳州，卷102，页6b；汀州，卷102，页9b—10a。
2 蔡襄《茶录》，"百川学海"本，页1a。
3 《道光福建通志》卷45，页1a。
4 《茶录》，页1b。

二斤，以八饼为斤"[1]。

盐场沿着海岸线分布，尤其是在北部的长溪县和连江县，还有南部泉州和漳州的附近区域。闽地大量产盐，但盐与铜类似，二者都既非稀有之物，又非此地独有，因此在贡品记录中并未看到。

福建沿海的居民历来是很好的水手，也是很好的渔民，关于闽国经济的任何一处文献，都会提到这个产业的某些方面。如果提到时不是用"海味"这样的概括性词语，通常人们会用海蛤之类的名称，海蛤大概包括蛤蚌、牡蛎、贻贝和其他类似的海鲜，换言之，全部都是带壳的。这种贝类动物与其他几种海物出现在闽国向北方运送的贡品中。漳州有一种特别出名的鱼叫银鱼（*Salanx microdon*），这种鱼的肉质极为鲜美。[2]

前文提到的种种，构成了《宋史》中所列闽地典型而又丰富的物产。闽国当然还有其他物产，即使产量不多，但仍有价值，且为中原所追逐。这些物产绝大多数都可以归为奢侈品一类。

---

1 叶梦得（1077—1148）《石林燕语》（"丛书集成"本），卷8，页80。参见欧阳修《归田录》（"学津讨原"本，卷2，页4b）："茶之品，莫贵于龙、凤，谓之团茶，凡八饼重一斤。"
译注：据《石林燕语》所载，当时并无"大茶"一种。"大"字是描述"龙凤团茶"形制。《石林燕语》下文还有"仁宗时，蔡君谟知建州，始别择茶之精者为'小龙团'，十斤以献，斤为十饼"的记载。
2 《太平寰宇记》。

黄金曾多次作为贡品，经常是打造成金器，或作为银器的点缀，还有其他的形制。制金业能够做出像"金装宝带"（在924年十一月的朝贡中）一样复杂的器物。《新唐书》只记载了福建一处黄金产地，那就是在中部山地上的将乐。不过，《太平寰宇记》记载福州出产麸金。

象牙与犀角都是常见的贡品。然而，我们并不清楚，这些贡品究竟是10世纪时本地出产的，还是由商人们从东南亚及附近群岛带来的进口货。我们至少可以看到，这一时期，在帝国的偏远地方仍然可能发现成群的大象，可能这些象牙有时候就是从这些大象身上直接获得的。

各式各样的香草和香料，是本地区的特产，有些是当地的产品，也有些是商人海客们下南洋带回的。作为贡品送往北方帝国的，有乳香、沉香[1]，以及两种不太出名的香料，即瓶香[2]和煎香[3]。同样也在贡品名单里的，还有胡椒粉和肉豆蔻，此二者毫无疑问都是舶来品，但粉姜和干姜[4]都是本地货。红花在福州和泉州都

---

[1] 941年的贡品。
[2] 洪刍《香谱》（"丛书集成"本，卷上，页4）将"瓶香"作为乳香的一种，我不清楚二者是否为同一物。
[3] 943年的贡品。煎香可能就是甲煎香，是用甲香混合各种其他香料香草制成，用作口脂。见《本草纲目》（商务印书馆本），卷46，页42。
[4] 941年和943年的贡品，《太平寰宇记》载此两物产于福州。

有生长。[1]茉莉（Jasmine sambac）最初是从西亚传来的，此时在福州和泉州都已有栽植。[2]宋代南剑州颇以茴香著名。[3]还有一种香料叫甲香，是用当地一种腹足动物的甲壳制成，在好几处文献中被记作漳州的特产。[4]鹿茸出现在福州，毫无疑问也是被磨成粉入药的。[5]龙脑是一种水晶状的香料，也叫冰片，类似于樟脑，产自一种龙脑香樟木（Dryobalanops camphora）。龙脑也出现在贡品清单上，但这可能是从印度尼西亚进口的。[6]降真香是从一种林木上得到的香，我不确定是哪种树，大多数文献都记载这是贵州所产，这里被当作汀州的物产。[7]

下面是一些重要的水果和蔬菜：木瓜[8]；橄榄（Canarium）[9]，

---

[1] 《宋史》卷89，《太平寰宇记》载其产于泉州。
[2] 《太平寰宇记》。
[3] 《太平寰宇记》。
[4] 《新唐书》《宋史》《太平寰宇记》。《新唐书》（卷43，页3431b）载此为广州所产，但在福建沿海产量同样特别丰富。这种软体动物是海蠃（Eburna japonica），李时珍确认其壳即甲香之壳。李时珍引用万震（唐之前人，见《隋书》卷33，页2448a）的《南州异物志》，大意是海蠃靥和其他香料混合，点燃后香味更浓，但如果单独燃烧，则气味难闻（《本草纲目》卷46，页41）。他还引用寇宗奭的《本草衍义》，大意是这种香料要与沉、檀、龙、麝组合（同上，卷46，页42）合用。李时珍写到，这种香料混合沉香、麝香和各种香草与花朵后，可以用作口脂或焚爇，叫作"甲煎"。
[5] 《宋史》卷89。
[6] G. A. 斯图尔特《中药学》（Materia Medica）页157提到，"据称这种东西在广东和福建也有发现，虽然书中并未记录其中文名称"。
[7] 《太平寰宇记》。这种香，顾名思义，就是一旦焚烧，就可以让神仙降临。见前引G. A. 斯图尔特书，页428—429。
[8] 938年的贡品。
[9] 《新唐书》卷41和《太平寰宇记》。橄榄树干可以用作木材，果实可以食用。

是制作一种船底防水油的原料；香蕉[1]，用作水果、麻布和美容；龙眼（Nephelium longana），和荔枝有些关联而且名声相仿；[2]多种绿叶蔬菜[3]，被提到的有天门冬（Asparagus lucidus）[4]；泉州松子[5]；甘蔗[6]；佛手柑（Citrus media, var. chirocarpus）[7]；金橘（Citrus nobilis var. microcarpa）[8]；枇杷（Eriobotrya japonica）[9]；中国阳桃（Averrhoa carambola）[10]。

在闽国这么多可爱的植物中，荔枝尤为出类拔萃。[11]这种植物早在赵佗统治南方之时便为北方中国所知，司马相如《上林赋》中提到它，写作"离支"。蔡襄认为福建的荔枝优于广东，但也许这是出于他对故乡的偏爱。然而，他的观点却得到了陶穀

---

1 各处文献均可见。《太平寰宇记》特别提到福州美人蕉，其优雅的红花备受推崇。
2 《太平寰宇记》。
3 《宋史》卷89。其中有一种紫菜，现代辞典叫Porphyra tenera。《福建通志》记载一个传说，称将乐县附近有一种紫菜特别好，王审知每年都将其送往北方作为贡品，禁止私人采集（《道光福建通志》卷40，页1b）。采集紫菜之地，有时被称为"禁石"（《闽都记》卷26，页16b）。
4 《太平寰宇记》载其产于泉州。天门冬有用的是根部。见前引G. A. 斯图尔特书，页55。
5 《宋史》卷89。
6 《太平寰宇记》载其产自福州和泉州。
7 《太平寰宇记》载其产自福州。
8 《太平寰宇记》载其产自南剑。
9 《太平寰宇记》载其产自泉州。
10 《太平寰宇记》载其产自福州。阳桃是福建方言，其他地方叫五敛子。
11 《宋史》卷89和《太平寰宇记》都特别提到在福州和泉州的荔枝。

第四章 经济

的印证,陶穀书中也写到岭南荔枝不如闽地。[1]荔枝的两个品种据说可以追溯到五代时期,或者说至少是在那个时期命名的。一种叫作"十八娘荔枝",传说某位闽王的第十八个女儿特别喜欢这个品种,由此得名。一个世纪后的蔡襄提到,在福州城东报国院的公主坟墓前栽种着这种荔枝树。另一个品种是"将军荔枝",在福州发现,被认为是五代时期一位不知名的将军栽种的。[2]

下面是闽国出产的各种奢侈品:种类繁多的竹子[3];南部沿海漳州的鲨鱼皮[4];玳瑁[5],在贡品清单上极为常见;龟甲[6];本地榕树(*Ficus wightiana var. Japonica*),此树是福州的典型代表,故此城亦被称为"榕城"[7]。珍珠和琉璃都被作为闽国的贡品送往北方,但我不知道这些是否产自这一地区。[8]在贡品清单上,鼹鼠(*Mogera wogura*)来自汀州,或许人们认为鼹鼠皮是有价值的。[9]

---

1 《清异录》卷上,页40b。该书还记载了福建荔枝的一则逸事,见卷上,页43b。
2 蔡襄《荔枝谱》("百川学海"本),页1a、1b、6b。
3 《新唐书》卷41载此物为建州特产。
4 《新唐书》卷41作"鲛革"。《宋史》卷89作"鲛鱼皮",《太平寰宇记》作"沙鱼皮"。
5 玳瑁,可与下文的"龟甲"对比。
6 《太平寰宇记》载有龟甲。
7 至少从宋代开始,福州已经被称为"榕城"了。见《乾隆福建通志》卷62,页2b。在《太平寰宇记》(卷100,页3b)中,榕树被列为"土产",但这种树的功用尚不清楚。
8 无论如何,南汉合浦建有重要的珍珠养殖场。
译注:合浦县在今广西北海境内。
9 《太平寰宇记》。但李时珍载鼹鼠肉炒后可入药,见《本草纲目》卷51,页67—68。

沿海的福州和泉州还产蚺蛇胆，毫无疑问这是药用的。[1]

除了丝织品之外，其他人造之物如下所述。《太平寰宇记》载，南部沿海的泉、漳二州，是造船业所在地，特别能够建造一种叫"海舶"的船。[2] 福州生产各种花样文饰的扇子。[3] 包括"火箭"在内的各种羽箭，"火箭"大概是用树脂裹满箭头。[4] 汀州的蜡烛[5]。皮靴[6]。白藤编成的篮子，产自福州和泉州。[7] 精制糖，产自福州。[8] 纸，泉州有一种光滑透明的纸。[9] 最后，还有

---

[1] 《太平寰宇记》。《岭表录异》（卷下，页9b）载普安（在贵州，但可能是"晋安"之讹，晋安在福州）人豢养蚺蛇以提取胆汁，曝干之后，以备上贡之用。李时珍（《本草纲目》卷43，页68）载蚺蛇产自岭南，但却引梁陶弘景言晋安出大蛇（参看《岭表录异》）。8世纪的张鷟在其所著《朝野佥载》（"丛书集成"本，卷1，页2）中载泉州刺史收集蛇胆进贡，有一位旅客得了重病，食蛇肉后痊愈。

[2] 从这一记载以及闽国水战的众多记载中，可以清楚地看到，福建人仍然保持着从远古时期便已擅长的航海技能。淮南王在写到汉代此地的越人时，便说其近于蛮荒，"习于水斗，便于用舟"（《汉书》卷64，页0516c—d）。

[3] 《新唐书》卷41、《太平寰宇记》及贡品清单都有记载。在后者所记贡品中，有一种"五色桐皮扇子"。

[4] 火箭产自建州（《宋史》卷89）。有两种羽箭，我不知如何妥帖翻译，分别是929年进贡的通榐箭和938年进贡的通节箭。

[5] 《新唐书》卷41，《宋史》卷89。参见前引G. A. 斯图尔特书，页237—239，其中讲到白蜡虫及其特性。

[6] 938年的贡品中有麢靴。麢是一种神话中的独角鹿，但最近的研究确定这种鹿近似于南亚和印尼的水鹿（*Cervus unicolor*）。或许这里的"麢"是"麋"或"獐"（繁体字形为麞）之讹，但《泉州府志》（卷19，页22b）仍将麢作为当地所产，并与麋和獐相区别。

[7] 《太平寰宇记》。

[8] 《太平寰宇记》作"干白沙糖"。

[9] 《太平寰宇记》作"蠲符纸"。

第四章 经 济

花鼓[1]。

帝国出产种类繁多的纺织品，其中，前文已经提到的一种从葛中编织出来的织物，是最值得注意的。从重要性上来说，仅次于这种葛布的就是用香蕉的纤维编织而成的，叫作"蕉葛"或"蕉布"。[2]福建还产纻麻布（是以苎麻制作的，叫作"白纻布"）。[3]此外，还有纻布[4]、丝布[5]、轻绢[6]、锦绮罗[7]、白氎红氎[8]、蝉纱[9]——因其薄如蝉翼，故名，以及茜绯[10]，即用茜草染成红色的丝布。

在福建的主要物产中，有一种尚未提及，也未列入给北方皇室的贡品之中，但在当地经济中却很重要，必须记上一笔，那就是铁。《新唐书》已注意到，除漳州外，各州附近均有铁矿矿床。

到此为止，关于本地经济中的主要农作物，也就是水稻，一句也没有说到。这一重要的粮食作物长在水田里，只要有水就能

---

[1] 943年的贡品。
[2] 各种文献中都有记载。
[3] 《太平寰宇记》载其产自南剑州。G. A. 斯图尔特前引书页70提到了这种布料，"在11世纪前，没有记载产自何处，虽然自古以来，人们就已知道这是一种可供纺织的植物。11世纪的苏颂记载，苎麻当时生长在福建、四川、浙江和江南"。
[4] 《宋史》卷89与《太平寰宇记》俱载其产自福州。
[5] 《太平寰宇记》载其产自福州。
[6] 同上。
[7] 929年的贡品。
[8] 929年的贡品。
[9] 943年的贡品。
[10] 《太平寰宇记》。

生长，但是沿海附近的盐碱地除外。很明显，这一地区的水稻作物比中国其他地方产量更稳定，因为《宋史》告诉我们，福建"田畴膏沃，无凶年之忧"[1]。在这片亚热带土地上，农作物通常都是一年两季。闽国统治者出于他们的宗教热情，始终坚持宗教人员应该得到最好的供奉，因此把最肥沃的稻田都给了佛寺和道观，而把中下等田地给俗界的农民。[2]特别有意思的是，有一种耐旱型水稻叫作"占城稻"，是在1011年由皇帝下诏从福建引进到长江流域的，那是在中国中部地区经历久旱之后。可以推断，这一品种早在上一个世纪就已为福建人所知，从名字可以看出，它应该是从占城那边带到福建来的。[3]

朝廷支出与赋税

所有文献都一致认为，王审知个人生活简朴，甚至过分节俭，

---

1 《宋史》卷89，页4710c。
2 《宋史》卷173，页4907b。
3 《宋史》卷173，页4904a。《道光福建通志》卷59，页1b。关于占城稻的研究，参见加藤繁《中国经济史考证》（"东洋文库论丛"，第34种，东京：1953），卷下，页659—675。
译注：《宋史》卷173："帝以江、淮、两浙稍旱即水田不登，遣使就福建取占城稻三万斛，分给三路为种，择民田高仰者莳之，盖旱稻也。内出种法，命转运使揭榜示民。后又种于玉宸殿，帝与近臣同观；毕刈，又遣内侍持于朝堂示百官。稻比中国者穗长而无芒，粒差小，不择地而生。"

因此他的政府也精打细算、勤俭节约，与此形成对比的是他的继承者们，他们全都背着骄奢淫逸、苛捐重税的罪名，因此全都德不配位、不得人心。这种模式在这一时代其他国家的正史中也屡见不鲜，似乎体现了，至少是部分体现了一种正统儒家的看法，即：虽然王审知名义上是唐朝的代理人，实际上他是闽省的唯一统治者，但是，他还是小心翼翼，从不谋取任何只属于天子的特权。然而，他的子孙们或多或少都公开追求帝王的威仪，而且由于后来的历史编纂学将这一时期的正统地位赋予"五代"统治者，史学传统要求将这些"篡位"之人视为贪官恶吏，斥责他们大肆挥霍民脂民膏的罪恶。虽然我明确感觉到，宋代历史学家给我们留下的有关闽国历史的记载，其措辞一定也受到这种正统历史观的影响，但是，王审知毕竟身经百战，不习惯奢华，他管理朝政时比继任的诸王花销更少，也是理所当然的。后来诸王生在帝王之家，任命朝臣百官都要与北方的开封朝廷如出一辙，还沉迷于大兴土木，无论世俗建筑，还是宗教建筑，都极尽精巧之能事。

无论如何，据说这一国家在王审知治下"公私富实"。他轻徭薄赋，后梁朝廷建立之后，他小心翼翼，每年通过海运向其纳贡，即使贡品有很大一部分都在海难中丢失了。[1]他死后，王延

---

1 《资治通鉴》卷267，页9a。参见下文对去往山东的海路的论述。

翰立即继位，但仅仅统治了几个月，因此并无材料说明这一时期国家的财政状况。不管怎样，在他之后闽国所有的君主都备受入不敷出的困扰。

王延钧发现，现行的税收手段不可能实现收支平衡，于是他任命了一名生性残忍的将领薛文杰为国计使，通过敲诈勒索的手段来增加国库收入。薛文杰暗地里调查那些富人，一旦发现任何可供罗织罪名的蛛丝马迹，马上没收其财产充公。他还严刑拷打富人，逼迫他们交出财产。文献中特别记载他用烧红的铜熨斗烙熨锤打被构陷的富人。有一位建州士绅吴光，在马上就要落入薛文杰彀中之时，率其众万人叛逃到了北方的吴国。后来，吴光又带领着淮南人攻打建州，并将薛文杰处死。[1]王延钧的财政困难，一部分或许要归结到他倾一国之力"饭僧三百万"而造成的财政亏空。[2]史料文字中用了"饭僧"一词，根据我的理解，其意思是僧侣是免缴赋税的，同时，寺庙实际上也有可能从这位崇佛的君主那里获得钱款，以供衣食和土木兴建之需。

王继鹏的财政问题，一部分也是他铺张浪费的宗教狂热造成

---

[1]《新五代史》。《资治通鉴》卷278，页8a。任命薛文杰，是在933年8月，也就是说，在王延钧刚登上皇位的时候。
[2]《五国故事》卷下，页6a。这一史料记载有些夸张失实，僧侣的数目可能被夸大了。见下文"信仰"章。

的，就他而言，主要是对道教徒的狂热，而不是对佛教徒。据记载，他用"数千斤黄金"铸宝皇和老子像（老子之神，即元始天尊太上老君）。此外，他为了求得永生不老之药，还在这些神像前焚烧了大量昂贵的香木。[1] 皇室财富的另一项大笔开销，是花在他御用的禁卫军——宸卫都身上。王继鹏不信任原来的都卫，而新建了宸卫都。据说，他让宸卫都军士全都身着罗襦，腰系银带，"饮食之器悉皆中金所给"，俸禄也是数倍于其他都卫。[2] 他通过大肆加重水果、蔬菜、鸡肉和猪肉的税赋来补充财政收入。他还强化收税手段，下诏将隐瞒年龄以逃避登册纳税的百姓处以杖背之刑，将隐瞒家庭人口者处以死刑。但是，937年夏天，他发现财政收入不足时，又采取了更加非常规的手段。简而言之，他将卖官鬻爵制度化。他的判三司、吏部侍郎蔡守蒙本性忠厚，当被皇帝问到受贿之计时，蔡守蒙悲愤交加。但最终在皇帝恐吓的压力之下，蔡守蒙被迫执行王继鹏的计划，所有官职委任都与纳赂多少挂钩，无能不肖之辈来者不拒，所得钱财尽入国库而非

---

[1] 《新五代史》。
译注：《新五代史》卷68，"（陈）守元教昶起三清台三层，以黄金数千斤铸宝皇及元始天尊、太上老君像，日焚龙脑、薰陆诸香数斤，作乐于台下，昼夜声不辍，云如此可求大还丹"。按：元始天尊与太上老君非一人，薛爱华上文误为"老子"一人。
[2] 《新五代史》。《五国故事》卷下，页7b。

受贿大臣的腰包。另外，皇帝还让前医工陈究为空名堂牒使，[1]顾名思义，就是通过兜售空白官牒（空白委任状）来卖官鬻爵，买家一付款，就将其姓名和官职填写到空白的官牒之上。就蔡守蒙而言，他和闽国统治者的大多数财政代理人一样，未得善终。王延羲即位后，他因卖官受贿之罪被处死。[2]

在史书中，王延羲同样被描述为"奢侈无度"，发生在前任身上的故事在他身上再次发生，所不同的是，他似乎一开始并未宽恕卖官鬻爵的行为，却选择靠自己亲信的聪明才智来敛财。他的国计使陈匡范承诺在其账簿中每天能见到一万金的进账，凭借这一承诺，陈匡范被封为礼部侍郎。王延羲曾在一次宫廷宴会上公开称赞陈匡范为"人中之宝"。这位国计使承诺日进万金，他所采取的手段就是向商人征收异常高的人头税。不幸的是，这一渠道聚敛所得不如预期，而为了能够保住皇帝对自己的信任，陈

---

1 《资治通鉴》卷281，页6b。
译注：《资治通鉴》卷281，"时百役繁兴，用度不足，闽主谓吏部侍郎、判三司候官蔡守蒙曰：'闻有司除官皆受赂，有诸？'对曰：'浮言无足信也。'闽主曰：'朕知之久矣，今以委卿，择贤而授，不肖及罔冒者勿拒，第令纳赂，籍而献之。'守蒙素廉，以为不可；闽主怒，守蒙惧而从之。自是除官但以货多寡为差。闽主又以空名堂牒使医工陈究卖官于外，专务聚敛，无有盈厌。又诏民有隐年者杖背，隐口者死，逃亡者族。果菜鸡豚，皆重征之"。按：此处薛爱华有误解，"闽主又以空名堂牒，使医工陈究卖官于外"，"使"字似应属下读，亦即"空名堂牒使"非官名。又，"陈宄"，今本作"陈究"。
2 《资治通鉴》卷282，页6b。

第四章 经 济 109

匡范向政府各部门的流动资金收税，以弥补税收之不足。据说他唯恐真相败露，最后焦虑而死。他死后，那些因他的掠夺而导致财政紧张的各部门纷纷向皇帝抱怨，皇帝下令将这个已故的国计使掘坟戮尸。[1]他的继任者黄绍颇，得到皇帝的支持，重新开始卖官鬻爵的勾当，并且根据对买官者年龄、名声等的仔细评估结果，定价分别从100缗到1000缗不等。[2]王延羲在抓住时机广开财源方面颇有天赋。有一则逸事说，泉州刺史余廷英伪造圣旨，假称受诏采择民间少女以充后宫，实际上却是供自己玩乐。皇帝听闻此事，召此被告入都，然而非但未曾将其处死，反而接受了他为求减刑而交纳的10万[3]缗，美其名曰"买宴钱"，之后还要求这位刺史拿出同样数量的钱，作为地方给皇后的进贡。此事开启了闽国各州每年"别贡皇后物"的先例。[4]

王延政是闽国最后一个皇帝，在某些方面，他似乎效仿王审知，包括不穿精美的丝绸，只穿粗糙的袍服，不搞盛大的庆典，

---

1 《资治通鉴》卷282，页17a—b。《资治通鉴》载陈匡范任国计使在941年七月，时在王延羲即位两年之后。
2 同上。
3 译注：《资治通鉴》作"献买宴钱万缗"，作者误为10万。
4 《资治通鉴》卷283，页5b。

等等。[1]尽管如此,他即位后任命的收税官杨思恭,却以其聚敛之才大获皇帝青睐,同时导致民怨沸腾。杨思恭也因此得了个"杨剥皮"的称号。他增加了田亩山泽之税,并把鱼类、食盐、蔬菜、水果的税收翻倍。[2]943年六月,即王延政登上皇位三个月之后,吏部尚书潘承祐上书皇帝,对皇帝提出了十项批评。其中有一项是抨击朝廷税收和徭役太多过重,特别指出老百姓对"杨剥皮"深恶痛绝。他也批评向有钱人家授官的风气(王延政最终也卖官了吗?),批评对抗税者施以重刑的不智之举。他还反对向"延平诸津"征税的做法,延平津在建溪与其他水系交汇处,朝廷对此地水果、蔬菜、鱼类和稻米征税,不仅获利甚微,而且民怨极大。毫无疑问,这里提到的征税产品,指的是从沿海各州贩卖到建州的海产品,包含上面提到的鱼、盐。[3]为司马光作注的胡三省认为,帝国的衰落与其归因于对南唐战争的失败,不如说是杨剥皮苛捐杂税的结果,这一说法很有意味而且可能是中肯的。[4]

---

1 《五国故事》卷下,页9a。
译注:《五国故事》卷下,"虽服赭袍,而早晚参衙及见四方使介,如藩郡之礼"。按:作者此处将"赭袍"译为"coarse robes"(粗糙的袍服),不确。赭袍即赭黄袍,天子所穿的袍服,因颜色赭黄,故称。
2 《资治通鉴》卷283,页9b。
3 《资治通鉴》卷283,页11a—b。
4 《资治通鉴》卷284,页13a。司马光载南唐任命王崇文为节度使,在建州管理福建北部,"崇文治以宽简,建人遂安"。《资治通鉴》卷285,页5b。

与此同时，在福州投降王延政之前，那位新的临时皇帝朱文进于944年四月即位。他试图采取与王延羲财政管理截然不同的经济措施，以此赢得百姓支持：他遣散了大批宫女，叫停了宫殿建设。这些减少朝廷开支的措施并不足以保住他的性命，因为他只是那个野心勃勃之人的傀儡。

从宋初开始，就有文献记载闽国各州征收"丁钱"，但这个来源可靠的文献并未指明这些"丁钱"具体是在哪个时期征收的，只简单记载其为"伪闽"统治期间所收。[1]

货　币[2]

从文献可知，王审知在其国中流通铜钱和铅钱。采取这样一种独立政策，是因为王审知深知自己的辖区急需一种可以信赖的货币，此事与唐朝的衰落是同步的，因为这些金属钱币的发行大约正是在916、917年转折之际。我们尚不清楚在其奉梁朝正朔之后，是否还继续使用这种货币。[3]后来的文献也说到王审知所铸

1　蔡襄《奏蠲漳泉兴化丁钱疏》，引自《古今图书集成·职方典》，页1032。
2　本书付印之后，我又发现了一本研究五代与宋朝货币问题的很有价值的书，宫崎市定《五代宋初的通货问题》（京都：1943）。关于闽国货币的情况，见其书页52—55。我的书中少了宫崎书中有关王审知铸铅钱的信息，他的书里缺了我书里有的王延钧朝两种货币的信息。
3　《资治通鉴》卷269，页19a。

的铁钱。这些钱币正面刻有通行的铭文"开元通宝",这一铭文在唐代发行的货币中已用过许多次,有一些背面还会刻上"闽"字。[1]

王延钧很明显铸造了两种货币,分别以自己的年号龙启、永和命名,[2]至于这两种钱是用什么金属铸造的,我完全没有相关材料。如果王继鹏也曾创制新钱的话,那么我还没注意到。

942年九、十月间,王延羲铸造出"永隆通宝",铁钱,一枚相当于一百枚铅钱。[3]在其后不久的944年二月,王延政发行了另一种铁钱,以其年号命名为"天德通宝",同样以一兑百。[4]这些措施给国家财政管理带来的直接影响并不清楚,但不管怎样,闽

---

[1] 梁诗正(1697—1763)《钱录》("丛书集成",卷9,页164—165)载有这种钱币背面的木刻图案,但邱文明(Arthur B. Coole)的《中国历代货币》(*Coins in China's History*,天津,第二版,1937)复制了这种背面带有"闽"字的货币图片。《钱录》指出福建人俗称此种钱为"铊边",这两个字是闽语,第一个字没有正字,但第二个字类似于"货"。《钱录》引的是陶岳的《泉货录》,这本书我无法找到。
译注:(清)梁诗正、于敏中著《钱录》卷9:"陶岳《泉货录》云:'王审知铸大钱,钱阔寸余,甚粗重,亦以"开元通宝"为文,五百文为一贯,俗谓之"铊边",与铜钱并行。"铊边"盖闽语,无正字也。'"天津市古籍书店影印1937年商务印书馆版,1989年第1版,页148。
[2] 《闽侯县志》卷49,页1a—b。
[3] 《资治通鉴》卷283,页5a。《新五代史》载王延羲铸"大铁钱",以一兑十。或许这是与铜钱对比的。见《钱录》卷9,页165—166。《闽侯县志》(卷49,页1a—b)载永隆间既有铜钱又有铁钱。
[4] 《资治通鉴》卷283,页19b。见《钱录》卷9,页166—167图。事实上天德间有两种钱币,第二种有"天德重宝"铭文,背面有"殷"字。

国已经走向末路了。

然而，我们从中国的另外一个地区，可以对货币贬值的影响做些思考。946年秋天，当吴越国王想要在闽国与吴越之间建立一个缓冲国时，他建议铸造铁钱以发放军饷。他的亲属钱弘亿劝谏他，举出反对新货币的若干观点，其中一点就是在西方被称为"格莱欣法则"的经济原则。钱弘亿的一些观点如下："新钱既行，旧钱皆流入邻国"，"可用于吾国而不可用于它国，则商贾不行，百货不通"。他更进一步提出，如果禁用铜钱，百姓将会盗铸铁钱，因为铁器到处都有。最后他指出，闽国由于使用铁钱，导致国乱。说服皇帝的决定性观点是"钱者国姓，易之不祥"[1]，于是皇帝放弃了自己的计划。

对外贸易

显而易见，闽国的贸易，无论是与中原其他国家的贸易，还是与南方海上诸国的贸易，都是数量可观的，但很难精确估计这些贸易达到什么程度。

如果将这一时期的战乱和各国疆界的多样性排除在外，那么，有足够的证据说明，这个时代商人能够自由往返于各国之

---

[1]《资治通鉴》卷285，页11a。

间。[1]事实上，商人很显然比其他阶层的人们，特别是官宦阶层，更容易穿行于国家之间。因此，雇用各种不同身份的商人，从事与他们本职不相干的政治活动，在此时已成惯例。正因为如此，王延羲即位后，便派商人前往后晋首都，代替他自己向后晋称藩。[2]次年，他又派商人带着自己"自理"的请愿前往后晋首都，商人给他带回来"闽国王"的称号。[3]由于商人能够相对轻松地进入邻国，因此，前往邻国执行使命的官员经常伪装成商人。接管了王氏王朝在泉州的权力的留从效，就曾派出一个名叫蔡仲兴的官员，装扮成商人，去向周世宗表达投诚的意愿。[4]由于商人熟知地形，为了做生意，四处游历，因此，他们也是具有价值的战略情报来源，也会被各国统治者当作间谍使用。有一个例子，南唐的臧循经常往来闽国经商，熟知福建山川地理，他给自己的母国南唐提供了大量情报，用以制定945年初攻打建州的计划。[5]

1　《清异录》（卷上，页19b）载有一则逸事："荆楚贾者，与闽商争宿邸，荆贾曰：'尔……腹内包虫。'闽商应之曰：'汝辈腹兵亦自不浅。'盖谓'荆'字从'刀'也。"这是基于"荆""闽"二字字形而开的玩笑。
2　这是在939年的早秋。《资治通鉴》卷282，页6b。
3　《资治通鉴》卷282，页13b。
4　《新五代史》。
5　《资治通鉴》卷284，页8b。又见《南唐书》卷2，页11。虽然如此，有一点需要指明，那就是并非不是商人就不能在各国间旅行；我们有时能够读到文人也会这样做。举例来说，诗人徐夤是土生土长的福建人，经常前往后梁都城为朱全忠作赋。见《十国春秋》（卷95，页3b—4a）为徐夤重新撰写之传记。

第四章　经　济　　115

我们从闽国向五代朝廷进贡的相关记录中，可以了解从福州到北方的海上路线。毫无疑问，这条海上线路普通商人会使用，官方使节也会使用。这些从福建出发的船只，在登州或莱州（在今山东北部）停泊，使臣们由此上岸，然后继续前往开封。但是，这个旅程充满危险，因为据记载，王审知从海路向梁朝进贡的货物，五分之四都沉没了。[1]胡三省描述了吴国杨氏占领淮南之前闽国入梁的陆路站点：旅人一路向北，依次需要经过衢州、信州、饶州、池州，进而横渡长江，经舒州、庐州、寿州，通过淮河流域，然后抵达后梁首都。当时，朱梁与其南方毗邻国杨吴并不和睦，因此，往来南方的旅客，特别是前往梁朝进贡的使者，都有必要取道海上，以避免淮南人的侵袭，而且吴国皇帝也想将那些贡品据为己有。据胡三省注，从福州出发的船只需要经过温州、台州、明州、冽港[2]，并由此从沿海进入外海，直到登州和莱州。[3]实际上，在淮南被占领之前，闽国就已经使用海路，

---

1 《资治通鉴》卷267，页9a。
译注：《资治通鉴》卷267：“岁自海道登、莱入贡，没溺者什四五。”按：原文意为十分之四五，作者误为五分之四。
2 我无法确定冽港的位置。年代较近的地理学著作记载，在离宁波（古明州）不远的舟山群岛金塘山有一个烈港，应该与冽港是一致的。见胡宗宪《筹海图编》卷5，页48b。这是一部16世纪明朝的书。
3 《资治通鉴》卷267，页9a。

但吴越国直到918年必须要走海路之前，都完全是依赖陆路。[1]

闽国沿海的城市，福州、泉州和漳州，仍然忙于和南海诸国及马来群岛的国家开展海外贸易，自唐朝已然如此。前文已述，泉、漳二州是造船业的中心。泉州似乎此时因商业发达而格外繁荣，虽然在进口海外货物数量上，这个港口还不能和南汉帝国的广州相提并论。[2]尽管如此，据记载，王审知侄子王延彬兼泉州刺史，通过他的管理，泉州空前繁盛，其经济主要是靠对外贸易支撑，最有代表性的就是所谓"蛮舶"，即从南方来的外国船只。由于在鼓励贸易上取得很大成就，王延彬获得了广为人知的"招宝侍郎"的称号。这种盛况一直持续到921年初，到他因为骄纵有不臣之心而被革职为止。[3]

王审知自己对水上商业贸易极为重视，并且"招来海中蛮

---

[1] 918年，吴国开始从其本来占有的淮南之地向南扩张，作为权宜之计，吴国以南的三个政权联合起来，互相帮助。在虔州（今江西南部）的拉锯战变得十分重要。虔州由后梁任命的防御使谭全播控制，直到吴国入侵之前，此州一直是相对安全的。虔州城坚强抵抗入侵，直到918年七月，新的淮南指挥使刘信来到阵前，加大了围城力度。防御使谭全播向吴越、楚和闽求救，三国分别统治着今浙江、湖南和福建地区。三国各自派军以解谭全播之围，三国都畏惧越来越强的吴国军队，而更希望将这个名义上忠于远方梁朝的虔州作为自己与吴国之间的缓冲地。然而，吴军分兵夜袭楚军，将其击溃。吴越和闽国联军听闻楚军大败的消息，军心大挫，引兵而退。十一月，虔州被攻克，防御使谭全播被擒，吴国给了他一个将领头衔。于是，吴越和闽发现其西部边境领土归属了杨吴。见《新五代史》卷29，页4434c，以及《资治通鉴》卷270，页11b、13a—b、14a。
[2] 在宋初，尽管为了促进北部的泉州、明州和杭州诸港对外贸易而做了一些尝试，但广州仍然是最繁荣的港口。见朱彧《萍州可谈》（"丛书集成"本）卷2，页17。
[3] 《五国故事》卷下，页9b。又见《资治通鉴》卷271，页7a。

第四章 经 济　117

夷商贾"。[1]然而，他自己却并不奢侈，而且似乎对外国的奢华相当鄙夷："孩子，我讨厌他们徒有其表，我憎恶那些波斯的花环……"[2]据说，他有一次得到一个玻璃瓶，那是来自"南方"的礼物。他不屑一顾，将其打碎在地，以示所有舶来品都是华而不实没有用的。[3]国际贸易主要是把众多受人追捧的奢侈品带入中国，但王审知对国际贸易的兴趣，仅仅是为了平衡预算、充实国库。[4]在这一点上，他与其继任者王延钧完全不同，后者曾专门派人前往占城[5]，为其新建的宫殿寻找一扇水晶屏风[6]。

人口变化

可用的有关人口变化的材料，最好以表格的形式来呈现。这

---

[1]《新五代史》、《闽县乡土志》（页23a）载海外贸易是由王审知的老乡张睦负责的。
[2] 贺拉斯（Q. Horatius Flaccus）的作品《颂诗》（Odes）I.38，据威廉·柯珀（William Cowper）英译本。
[3]《五国故事》卷下，页5b。
[4] 关于宋初通过海路传入中国的异域奇珍的目录，见《宋史》卷186（页4946d），当然，这些物品很多是闽国统治时期的舶来品。
[5] 日南，是唐朝的一个郡名，只在名义上是中国的一部分。五代时，它是占婆帝国最北的一部分，与安南为邻。数年之后，安南独立，成立了大瞿越帝国。参看马伯乐（G. Maspero）《960年前后印度支那的政治地理》，《亚洲研究》，卷2，页83—84，巴黎：1925。所以，在闽国与日南之间，还有南汉和正处于帝国萌生状态的安南。
译注：占城即占婆补罗，自号占婆，故地在日南郡。
[6]《金凤外传》。无疑，这个宫殿是因为这个屏风而得名"水晶宫"。

里需要注意的是,所有数字指的都是户(纳税家庭单位)数:

人口变化表

州	8世纪初[a]	9世纪初[b]	10世纪末[c]	12世纪初[d]
福州	34 084 (31 067)	19 455	94 470	211 552
建州	22 770 (20 800)	15 480	195 043	403 721
汀州	4680 (—)	2618	24 007[e]	81 454
泉州	23 806 (50 754)	35 571	130 228	264 563
漳州	5346[f] (1690)	1343	24 007	100 469
总计	90 686 (104 311)	74 467	467 815	1 061 759[g]

a 8世纪初的数字,指的是开元年间的数字,载于《旧唐书》(卷40,页3223)和《新唐书》(卷41,页3728)。本表括号内的数字,为《元和郡县志》卷30所载同一时期的数字。

b 9世纪初,指的是元和年间的数字,载于《元和郡县志》。

c 10世纪末的数字,指的是宋太平兴国年间的数字,载于《太平寰宇记》卷100至卷102。在文献中,这些数字分为"主"和"客"(亦即新住民)两类,我列的是两类的总数。宋代的数字和唐代没有太大可比性,因为州郡行政区划发生了改变。例如,新的南剑州是由尤溪县(原属福州)、延平县、沙县和将乐县(原属建州)组成的。又如,邵武军是由邵武县、归化县和建宁县(从建州分出)组成的。我将南剑州与邵武军的人口归到了建州。兴化军是由莆田县、兴化县和仙游县(从泉州分出)组成的,因此我把兴化军的数字归到了泉州。其他一些小的变化,比如德化县从福州分出而划归泉州,长泰县从泉州分出而划归漳州,这些县的人口我没有统计数字,因此无法在表中相应进行增减。

d 12世纪初的数字,指的是绍兴三十二年(1162)的数字,载于《宋史》卷89,页4710。

e 汀州与漳州数字相同,显然有一处有误。

f 此处我依据《旧唐书》、《新唐书》作5846户。

g 《宋史》所载福建路户籍总数是1 390 565。我不清楚多出来的33 000(译注:应为330 000)户是从哪里来的。1162年总人口(纳税人口)是2 828 852。就总人口(人数)来说,我只有《旧唐书》所载的8世纪时的411 587人,而没有其他时期的这一数字。8、9世纪间的人口减少,或许是"安史之乱"带来的后果。我推测闽国的纳税适龄人口大约在100万。

第五章

艺 术

建　筑

闽国宫廷中，最著名的两座宫殿是长春宫和水晶宫，都坐落于侯官县境内。[1]长春宫也被称为南宫，[2]建于城市中北部原威武军府邸的旧址之上。[3]相传这个宫殿是王延钧为其皇后陈金凤特地修建的。[4]这座宫殿，或者宫殿的某些部分，在939年八月二十九日夜里的那场大火中被烧毁了，这场大火是连重遇谋反攻击王继鹏时率军放的。[5]因此，长春宫的建筑样式和细节都没有保存下来。关于水晶宫，我们所知略多，它建于西湖之畔，位于福州州府以

---

1 《道光福建通志》卷39，页1b—2a。
2 《资治通鉴》（卷282，页4a）载939年七月十四日，王继鹏迁入长春宫，而《新五代史》载同一事件，则称其迁入南宫，可见长春宫亦称南宫。
译注：《新五代史》卷68，"王昶徙南宫避灾"。
3 《道光福建通志》卷39，页2a。
4 《金凤外传》。
5 《资治通鉴》卷282，页5a—b、6a—b。

西三里，在府城之外。[1]据说，在王延钧统治时期，水晶宫筑室百余间。[2]这座宫殿修有"复道"，也就是在上下两层各修有一条走廊，从罗城复道中出游，宫女们习惯走这条通道，平民百姓凝神观看。[3]

都城内另外五座宫殿的名称，见存于《舆地纪胜》一书：宝皇宫、大明宫、紫微宫[4]、东华宫与龙跃宫。这些宫殿分别建于不同时期，根据方志记载，其位置都在长春宫里，这里的长春宫肯定指的是"皇城"。[5]

宝皇宫由王延钧在931年修建，将会在下文"信仰"章讨论。关于大明宫，除了它的名字，我一无所知。紫微宫由王继鹏建于937年，同样会在"信仰"章讨论。东华宫是王延钧为春燕夫人建造的，她后来成了王继鹏的最爱。据说，这座宫殿的棁栭是

---

1 《道光福建通志》卷39，页1b—2a。《舆地纪胜》卷128，页11a。据说，春秋时期吴国国王阖闾曾建有水晶宫，见任昉《述异记》（"汉魏丛书"本）卷上，页20a。
2 《道光福建通志》卷39，页1b—2a。
3 同上。今天的福建人认为西湖中心的小岛是水晶宫的遗址，事实并非如此。见《闽都记》卷9，页7a—b。
4 《舆地纪胜》作"紫薇"。但考虑到道教与该建筑的关系，我倾向于使用《资治通鉴》（卷281，页4b）所载的"紫微"。如果前者是正确的，那么，这个宫殿应该是以紫薇花命名的。而"紫微"是帝位的古称。汉朝皇帝在长安的未央宫，据说也曾被称为"紫微宫"（辛氏《三秦记》，"说郛"本，页2b）。
5 《舆地纪胜》（卷128，页14a）将长春宫与这些宫殿并列。但是，《道光福建通志》将这些宫殿当作长春宫的组成部分，而把水晶宫单独列出。《闽都记》的地图显示，这些宫殿的位置都在皇城以内。《道光福建通志》原文作："长春宫在旧武威军内，有宝皇宫……"

珊瑚的，榱瓦是琉璃的，梁栋是檀楠的，帘幕是珍珠的，柱础是范金的。[1]东华宫在很长一段时间内仍然以某种形式而存在，元代时，它被改名为元妙观[2]，有一座泰山庙附属于它，后来被称为"东岳行宫"[3]。龙跃宫是王延钧即位前的宅第，下文"信仰"章会提及。

闽国帝王们在长春宫中修建的诸殿如下：文德殿、文明殿、大酺殿、明威殿、九龙殿。[4]我只找到过与大酺殿和九龙殿相关的人类活动细节的记载。在大酺殿里曾举办过一场大规模的酒宴，依照古老的礼俗，[5]朝廷每有大事发生，都要举国同庆，饮酒为乐，例如册立太子或启用新年号。[6]王延钧曾于元夕在此殿大摆筵

---

1 东华宫所使用的精美的建筑材料，见于《金凤外传》，因此是可怀疑的。
译注：清乾隆十九年刻本《福州府志》卷75亦云："因为春燕造东华宫，以珊瑚为棁栭，琉璃为榱瓦，檀楠为栋梁，珍珠为帘幕，范金为柱础。"
2 《闽都记》卷11，页5a。这里的"元"，可能是因避"玄"讳而改。
译注：今本《闽都记》卷11或即作"玄妙观"。
3 《乾隆福建通志》卷15，页2b。
4 《舆地纪胜》卷128，页14a。
5 例如，《史记》（卷28，页0116a）："令天下大酺。"这次大酺为的是公元前163年汉文帝改元之事。
6 有关这些全国性节日，包括举办这些节日的场合、筹措活动经费的方法等，波莫纳大学的陈受颐教授曾收集了相当多的材料。他说，大酺活动在唐初极为盛行，但是由于朝廷缺钱，在755年以后，再未举办过此类活动。不清楚王延钧在此殿举办的大酺酒宴，究竟是全国性庆典的一部分，还是仅仅为了模仿唐朝统治者而在朝堂举办的活动。

第五章 艺 术

宴，¹并在935年秋天他遇刺的那天夜里在这里大宴军士。²九龙殿是王延羲与其妃子上官氏淫乐之所，但却是李可殷奉王延钧之命所建。更准确地说，李可殷建造的是九龙帐，而九龙殿是因此得名。九龙帐缕金，饰以各种明丽之色，外面织有八条龙，第九条龙就是帐内的皇帝。³

这些宫、殿与上文"自然景观"一章列举的皇宫城门一起，成为皇帝及其男女亲属、朝臣、服侍的奴仆们的住所。这也就是所谓的"南宫"。"北宫"的所指就更难确定了，原因是王继鹏为避不祥之兆由此迁出，随即遭焚。未几，长春宫又被焚毁。考虑到水晶宫的特殊地位及其单独一处的地理位置，它至少有可能是那个"北宫"。

关于闽国建立以前闽地的世俗建筑，信息甚少。王审知生活作风简朴，这使他从未沉迷于大兴土木之役。在他统治的那个时期的非宗教建筑，唯一留下的记载，是在福清县海边的一座瞭望楼的碑记。⁴建此楼之目的是以鼓角之声作为警戒，由此而被称为"鼓楼"。这个遗迹是与王审知这个老军阀的务实性格相一致的。

---

1 《金凤外传》。
译注："元夕"指元宵节。薛爱华将"元夕"译为 New Year's Night，显是误译。
2 《新五代史》。
3 《金凤外传》。
4 《道光福建通志》卷40，页8。这座瞭望楼坐落在隆仁里。

他的弟弟王审邽在南安县修建了一座招贤院，吸引当时有名的学者，这些人大概都是唐朝流亡出来的难民。[1] 王延翰虽然在位时间很短，却在福州修建了华美的建筑，但这些建筑的名称无一流传下来。历史记载只有短短的一句话，他自称大闽国王后，"立宫殿"[2]。

王延钧与王继鹏时期的主要宫室建筑，尤其是前者的建筑，在前文已经提到。此外还可增补一些信息。王延钧登基之后修建的东宫（也就是太子所居之处），至宋代人们仍然知道其位置。[3] 王审知的祠庙，也就是忠懿王庙，当时也还留存着。[4] 不知道忠懿王庙是王延翰还是王延钧所修建，但很可能是后者。据说，王继鹏曾建有比东华宫还要富丽堂皇的建筑，[5] 那座富丽堂皇的东华宫是他父亲的功绩。王延羲一定修建过一座宫殿，以代替毁于火灾的长春宫，但他给这座新宫殿取了什么名称，却未见记载。史书只告诉我们，940年一月，"闽主作新宫"[6]。关于建州王延政所兴建的宫室，我们只知道，他曾在自称皇帝后下令修建与其身份相符的宫室。这一点在著名的潘承祐上书中提到过，潘承祐把奢

---

1 《道光福建通志》卷42，页16a；《泉州府志》卷17，页6b。
2 《资治通鉴》卷275，页11a—b。
3 《舆地纪胜》卷128，页14a。这个地方在宋代属于怀安县，原属闽县的北部。
4 《舆地纪胜》卷128，页14b。《闽都记》卷8，页5b。参看53页注3。
5 《金凤外传》。
6 《资治通鉴》卷282，页8a。

第五章 艺 术 127

侈无度当成政府财政政策的第十条罪过，其原话是："宫室台榭，崇饰无度。"[1]

除了皇帝之外，其他皇室成员的宫室建筑鲜有提及。然而，有一座高亭宫，是934年漳州刺史王继琼修建的，在龙溪县高亭山。[2] 当时有一个文献还提到了一座甘露堂，据说是宫人们经常去的地方，毫无疑问坐落在都城之内。[3]

《舆地纪胜》中罗列的很多闽国名人墓，在"建筑"这一节很难配得上一席之地。[4] 无论如何，这里还是谈几座坟墓，因为其有特殊的意义。考虑到闽国王室与南汉王室之间的联姻关系（王延钧的一两个妃子是广州刘氏的公主），很有意思的是，刘氏先是居住在福建，后来才迁往广东，并在那里最终登上皇位。南汉皇帝的祖先是刘安仁，因经商之故定居闽地。他的坟墓在南安。[5] 还有一位闽国公主，生前为南唐怪才韩熙载的妻子。关于墓志铭，有一段很好的故事，值得全文照录："邵武人危氏者，大观二年，葬其亲于郡西塔院下路傍。逾月雨过，视坟侧隐然有痕，掘之，得银酒杯二、铜水缶及镜各一。又得埋铭石，其文

---

1 《资治通鉴》卷283，页11a—b。
2 《道光福建通志》卷43，页1b。
3 《清异录》卷下，页4a—b。
4 例如，韩偓墓在泉州附近（《舆地纪胜》卷132，页7a），黄滔墓在兴化附近（《舆地纪胜》卷135，页8a）。
5 《舆地纪胜》卷130，页11a。

曰：'琅邪王氏女，江南熙载妻。丙申[1]闰七月，葬在石城西。'诸器皆古，而制度精巧，非世工可及。"[2]韩熙载传见马令著《南唐书》卷13，他最为世人铭记的，是他的歌女姬妾成群，他沉迷于其中。

据记载，在帝国西边，汀州以西五十里，有一座王延政所建的城，目的是防御南唐军队入侵。[3]这座城在宋代被称为"古城"。

闽国君主们出于宗教兴趣，修建了大量建筑，其中较为重要的是佛教建筑，在下文"信仰"章将会提及。其他一些宗教建筑的名称，可以在闽国作家韩偓的诗中找到。这里我列出一些与人类交往有关的宗教建筑。韩偓自己就是为躲避中原战乱而来到闽国的避难者，他寓居南安的龙兴寺。[4]还有一位诗人慧稜，同时

---

1 这个丙申年，唯一可能的就是936年，但此时王审知（唐朝封为琅琊王）已死（卒于925年），这位琅琊王之女一定是审知晚年所生，但又早亡。韩熙载此时仍是青年，他卒于970年，终年63岁，因此他的夫人是在他29岁时去世的。936年是吴国最后一年，因此这位夫人可能是在王朝末年的纷乱中被杀的。
译注：薛爱华所据之马令《南唐书·韩熙载传》载韩熙载"开宝三年，病卒，年六十三"，然陆游《南唐书·韩熙载传》载"进中书侍郎，卒年六十九"，未详孰是。
2 《舆地纪胜》（卷134，页9b）引《夷坚志》。
3 《舆地纪胜》卷132，页7a。
4 《全五代诗》卷75，页1137。

第五章 艺 术 129

也是僧人，受邀住止于长乐长庆院。[1]侯官县有个罗汉寺，坐落在乌石山脚下。传说王审知有一次梦到这个地方有两株桧树，树下有一和尚，次日晨来到此地，一一如其梦中所见。[2]史书记载安国寺有石碑，立于930年，当王延钧统治之时。[3]城东南有一座地藏通文寺，显然是王继鹏修建的，因为寺名中"通文"二字就是王继鹏的年号。[4]

其他各类艺术

雕塑和铸像艺术在闽国极为丰富。其中一些将在下文"信仰"章讨论，比如王延羲佛塔造像。事实上，再现人物形象的艺术，似乎主要局限在造像，尤其是佛教造像上，虽然也能看见

---

[1]《全五代诗》卷87，页1326。更多关于慧稜的信息，参见常盘大定《中国佛教研究》页459。慧稜传见《宋高僧传》卷13，页787a。

[2]《舆地纪胜》卷128，页13a—14b。《闽侯县志》（卷20，页4a）载"五百罗汉寺"，并详细叙述了这个故事。919年，王审知梦僧数百，奕奕有光，所至处有双桧，并池而秀。一僧擎跽而前，请求闽王支持。次日，王审知访得此地，为建大堂，并命其池曰"浴圣"，桧曰"息圣"。

[3]《舆地纪胜》卷128，页19a。

[4]《闽都记》卷5，页3b。文献载其建于"清泰五年"，也就是938年，但"清泰"年号只用了一年。不管怎么样，这个时间大概是正确的。

译注：《闽都记》卷5："南法云寺，五代唐清泰五年建。初名地藏通文寺，宋祥符间更今名，赐额。国朝宣德中重建。"清泰为后唐末帝李从珂的年号，934年四月至936年闰十一月，前后共三年。

受到皇家赞助的道教神祇雕像。有一座山岭，甚至因为10世纪的时候其地有大量青铜佛像而得名，这就是泉州永春县的佛岭。[1]然而，并非所有佛像都是金属铸造的。举例来说，王氏在位时，曾于福州万岁寺"塑"金粟像。[2]

10世纪福建还有一些次要的艺术形式（上文"贡品"部分所列者除外），也有一些记录保存了下来。比如，有一条记录是关于闽王朝为将乐县宝华院所铸铜钟。[3]陶瓷艺术的杰作，或许是带有"鹧鸪斑点"的盏，深受闽国试茶家好评。[4]王延钧朝的宫廷庆典，特色是用数百枝"金龙烛"照明，毫无疑问，"金龙烛"是描述蜡烛的形状。[5]在这些庆典上，侍女们端来高脚杯、琼瑶、玛瑙、琥珀和玻璃。[6]都城北边有一个王审知修建的陶灶，

---

1 《舆地纪胜》卷130，页7a。
2 《舆地纪胜》卷128，页11a。更多关于宗教建筑和雕塑的资料，可以参见常盘大定《中国佛教研究》，页460—461。
3 《舆地纪胜》卷133，页11a。
4 《清异录》卷上，页62a。同书（卷下，页44a）载有将茶膏以金丝为系制成的"耐重儿"，并献八块于王延羲，王延羲遇刺后，被内侍偷走了。《十国春秋》（卷91，页9b）引用上面这段材料，并增加了"制以异味"四字。可以推断，这一种茶砖，也就是在"经济"章提到过的那种"团茶"，是为皇帝特别制作的。参见张舜民（11世纪）的《画墁录》（"唐宋丛书"本，页19a—b）："贞元中，常衮为建州刺史，始蒸焙而研之，谓'研膏茶'……天圣（11世纪）中，又为小团（相对以前的'大砖茶'而言）……小团一饼，缕之以金。"
译注：《清异录》卷上，"闽中造盏，花纹鹧鸪斑点，试茶家珍之"。
5 《金凤外传》。
6 同上。

第五章 艺 术 131

很明显主要是为了造砖。有一则逸事，说的是这个地方烧制的砖上都有一个"钱"字，后来，这被认为是吴越钱氏侵袭闽国的预兆。[1]

我没有找到任何画家在闽国皇帝统治下从事艺术活动的材料。

一些材料证实，闽国朝廷音乐甚为流行，但没有任何材料提到音乐的形式。我们只知道，闽国音乐是司空见惯的"丝竹弦管"。[2]歌唱也是很流行的，如果我们能够相信《金凤外传》的记载，那么，在都城内的人工湖里，君王妃子乘游船寻欢作乐之时，金凤常常放声高歌，众多宫女齐声应和。[3]有一则稀奇的逸事，讲的是刺史王延彬，他是一位挑选歌姬的行家。他只从北方人中挑选歌姬。据说每当他得到一名新的歌姬，便要求她画一幅自画像，并以此画为主题写一篇歌诗。这样，他就能够判断歌姬的才华和美貌了。[4]

---

1 《闽都记》卷25，页3b。
2 《金凤外传》。
3 《金凤外传》。
4 《五国故事》卷下，页9b。
译注：《五国故事》卷下："宅中声妓，皆北人。将求妓，必图己形，而书其歌诗于图侧，曰：'才如此，貌如此。'以是冀其见慕。"按：此处"图己形""书其歌诗"者似是王延彬本人，薛爱华理解似可商榷。

文　学

　　迄至晚近时代以前，福建人一直被误解为尚未开化之人。于是，在宋代以前，很少有土生土长的闽人能够享有文士的声誉，并有传记被列入史书或者省志，就是理所当然的事了。《新唐书》中甚至提到，直到780年常衮被委任为福建观察使之前，福建人都相当缺乏文学教育。这位观察使设立了乡校，并且亲自指导当地学生文章写作。[1]福建实际上属于边境地区，其在文化上与长江、黄河流域的关系，约略相当于20世纪美国得克萨斯和新英格兰的关系。9世纪末，闽地出现了一批才华出众的士人，能够熟练使用传统文学形式进行创作，并吸引了来自于北方的批评家的注意和欣赏。这一点应该主要归功于王审知。事实上，在10世纪，王审知似乎是唯一一位在其治下闽国文学真正繁荣的统治者，这要直接归功于他对诗人和学者的支持和资助，不管这些学者和诗人是土生土长的本地人，还是逃避北方战乱而来的避难者们。[2]王审知所做的远远不只鼓励这些人，他还设立了四个学科

1　《新唐书》卷150，页4004d。关于常衮与福建茶业的关系，参看129页注1。
2　见杨荫深《五代文学》（上海商务印书馆，1935年）。此书第14章专论闽国。《新五代史》（卷68）载王淡、杨沂、徐寅三人皆以唐代进士而来闽依王审知避难。三人中只有徐寅有文名。
译注：《新五代史》卷68，"王淡，唐相溥之子，杨沂，唐相涉从弟，徐寅，唐时知名进士，皆依审知仕宦"。

让他们接受良好的教育。[1]

虽然十国中有一些君王对文学艺术的贡献受到后世的赞美，尤其是南唐和西蜀最常为人提及，闽国则和其余各个国家一起，被归入不值得特别一提的国家之列。然而，正统文学批评仍然挑出四位闽国文士加以赞扬，他们是韩偓、黄滔、翁承赞和徐寅。[2]

这四人中韩偓名声最大。如果有历史学家对此表示怀疑的话，那么下面的事实可以让他信服。韩偓是土生土长的长安人，曾在唐朝任职，出类拔萃，后来他遭到恶名累累的朱全忠的憎恨，于是逃到福建托庇于王审知。在人生的后半段，他已经被接纳为福建人了。而这无疑也能解释为什么他是上述四人中唯一一位在《新唐书》有传的。[3]一位批评家评论韩偓的诗"多写绮丽侧艳之词"，是晚唐最好诗作的代表。[4]《全五代诗》收录了他的295首诗，[5]他的诗集《玉山樵人集》[6]也很容易看到。他在闽国历史上并非举足轻重的角色，他为世人铭记的主要是在一次大醮礼

1　《新五代史》卷68。
2　见郑方坤《五代诗话》（"粤雅堂丛书"本），页2a。这是一部清代的著作。
3　《新唐书》卷183，页4064c—d。
译注：《新唐书》卷183《韩偓传》云："偓不敢入朝，挈其族南依王审知而卒。"
4　杨荫深《五代文学》，页109。
5　《全五代诗》卷75至卷79，此处还辑录有关韩偓其人其诗的传记评论材料。
6　《玉山樵人集》有"四部备要"本。

上的即兴创作。[1]人们也注意到，他有一首诗[2]，是最早提到缠足习俗的文学资料。

在土生土长的闽人当中最为著名，以文学艺术为低调的王审知朝增光添彩的，是莆田人黄滔。他有190首诗收入《全五代诗》，《黄先生文集》和《莆阳黄御史集》亦收录这些诗，可以参考。[3]他的诗歌风格被形容为"清淳丰润"[4]。黄滔是所有在王审知都城寻求保护的士绅的东道主和赞助人，不愧为这一时期最杰出、最有影响力的福建文人。

徐寅[5]，有243首诗收入《全五代诗》[6]。和黄滔一样，他也是莆田人，但他与闽朝廷的关系却不那么密切。他发现出仕为官与其不谐流俗的性情不合，于是，在退隐中度过了他的后半生。他

---

1 《金凤外传》。
2 这首诗的题目是《咏屧子》，见郑方坤《五代诗话》，卷6，页11b。
译注：《五代诗话》卷6载韩偓《香奁集·咏屧子》诗云："六寸肤圆光致致。"
3 《全五代诗》卷84至85亦辑录黄滔的传记和评论材料。另外两部别集，分别见"四部丛刊"和"丛书集成初编"。对于他的作品的研究，可以参看林元汉《莆阳唐宋文献一瞥》(《福建文化》第1卷第8期，页10—14)和郭毓麟《福建唐代的几个诗人》(同上，第1卷第7期，页11—15)。后一篇论文中还有关于徐寅的材料。
4 杨荫深《五代文学》页111。
译注：杨荫深此说出自《五代诗话》，原文作："诗清淳丰润，若与人对语，郁郁有贞元、长庆风。"
5 "寅"，或写作"夤"。
6 《全五代诗》卷80至卷83。

第五章 艺术

的一些作品，浪漫中透着忧郁的情调。[1]读《徐公钓矶文集》[2]中之诗文，也能体会到这一点。

与上述几人相比名声略小的是崔道融，他是黄滔的好友，有一位权威学者认为他尤其擅长绝句。[3]

《全五代诗》收录39位闽地诗人的诗作，其中一些为无名的民间诗人，另外有一名闽国"宫女"之鬼，后代有一士人梦见她背诵自己的诗句。[4]王氏家族成员的作品，虽然没有展现出非凡的文学才能，作为传记材料却是有价值的。我前文[5]曾引用过王继鹏讽刺叶翘的诗句，还有金凤在水上游乐时所作的歌诗[6]。王延羲受过良好的古典教育，虽然其原创作品无一流传至今，但他曾引用白居易的对联，来呵斥、恫吓企图阴谋作乱的朱文进和连重

---

[1] 杨荫深《五代文学》，页111—112。
[2] 此书有"四部丛刊初编"本。
[3] 《五代文学》页110。又见《全五代诗》卷86；郑方坤《五代诗话》卷6，页24a。
[4] 译注：《全五代诗》卷87"梦中宫女"条载："沈括《梦溪笔谈》：'福州士人李谨言，字希古，尝梦至一处水殿中，观宫女献球。山阳蔡绳为之传，叙其事甚详，有'抛球曲'十余词，皆清丽，今独记两阕。"《全闽诗话》卷12"梦中宫女"条则称"福州士人李慎言"云云。今检《梦溪笔谈》（金良年点校，中华书局，2015年11月），则作"海州士人李慎言"（卷5，页49—50）。宋笔记录此事，多作"海州士人李慎言"。则此士人未必为闽人，此宫女未必为闽宫女。
[5] 见"历史"章"康宗皇帝"一节，原文见《资治通鉴》卷279，页21b，又见《全五代诗》卷75。
[6] 《金凤外传》。

遇。[1]王延彬和王继勋各有一首诗保存了下来。[2]

现代批评家杨荫深记载了闽国两位散文家的名字，而我本人并不熟悉其作品。他们分别是负责起草表章等官方文件的陈峤，以及撰有《金溪闲谈》及徐寅墓志铭的刘山甫。[3]

---

[1] 《资治通鉴》卷284，3a。
[2] 《全五代诗》卷75。
[3] 《五代文学》页114。

第六章

信 仰

概　述

　　宋代的福建人，曾被描述为崇信鬼神，热衷于宗教祭祀活动，尤其重视浮屠之教。[1]10世纪的福建同样如此，当代学者魏应麒已经对此做了充分的论证。他描述五代时期的闽国是一个"宗教与神话的社会"。他引用了一首谢泌的诗，此诗作于11世纪初，用以说明那个时代福建各地宗教活动之繁多——这种情况起源甚早，直到近代依然如故：

　　　　湖田种稻重收谷，
　　　　道路逢人半是僧。

1　《宋史》卷89，页4710c。12世纪，精于水军战略的张阐，将泉州描述为一个"佛国"，见《泉州府志》卷20，页2a，《宋史》卷381，页5478d。

城里三山千簇寺，

夜中七塔万枝灯。

魏教授在对中古文献全面梳理分析的基础上，指出许多福建的佛寺都有悠久的历史，而闽国王氏在原有的基础上，增建了267座。他引用保存在《全唐文》(卷841和卷893)中的碑文材料，来说明在王审知治下，闽国出现了大量的佛教造像和经文缮写活动。[1]他对不同时期佛寺数量的估算如下：后晋至885年，约建320座；885年到945年间，约存337座。宋朝统一前后，即945年到977年间，闽地寺庙一定大规模被毁，魏教授所定总数仅为141座。魏先生也专门研究了10世纪福建通行的超自然信仰，特别是那些与王审知天命神授相关的信仰。这种超自然信仰中，包括有如下观念：王氏家族统治闽地是天命注定的；民众必须遵从天意，义不容辞；人间万事自有天道主宰；祈祷禳祝之类，可以影响人的祸福、寿夭以及其他人类的价值观；人有可能理解超自然世界；[2]人死后有灵魂，且可影响生者的祸福；轮回和因果报应是存在的。其中的一些观念，肯定是当时普通中国人共有的。

1　魏应麒《五代闽史稿之一》，《国立中山大学语言历史学研究所周刊》，第7卷总第75号（1929）。

2　译注：魏应麒原文作"人是可以超自然的"，作者译为"that it is possible for men to understand the supernatural world"，疑误。

而在闽国所特别强调的，就是佛教的阐释。当然，闽国这些阐释的独特之处，就是其与王氏家族联系在一起。[1]

我无意更多地解释或者重复魏先生的原创性研究成果，但要补充我碰到的另外一些材料（他对这些材料无疑是熟悉的）。如果说我能在他尚未完成的研究中找到一点小讹误的话，那就是他在研究中忽略了道教。虽然对于佛教教义的狂热贯穿了整个闽国统治时期，但至少王延钧和王继鹏的朝廷，是由道教徒和道的观念所支配的。

佛　教

从一开始，闽国统治者们就全身心投入佛教教义之中，并且给僧侣和寺庙提供了大量支持。毫无疑问，大众对佛教的狂热与宫廷对佛教的热情相互配合。事实上，曾有一名僧人登上了天子宝座，之所以给他这样的尊荣，那是反对王氏统治一派为了赢得大众支持而采取的蛊惑人心的策略。[2]

1　魏教授文章的其他部分，主要是开列福建宗教建筑的目录，包括建筑时间以及其他相关史实。参见《五代闽史稿之一》，《国立中山大学语言历史学研究所周刊》第7卷总第76号（1929），页9—28；第77号（1929），页11—31；第78号（1929），页23—31。
2　详见常盘大定《中国佛教研究》页454—465，他对闽国佛教做了很好的研究。该书有一个小错误，就是常盘把"闽国"从头到尾都称为"闽越"。

第六章　信　仰

王潮的宗教倾向尚不清楚，虽然根据历史记载，在他任刺史时期，至少曾新建了一座佛教建筑，那就是893年他修建的文殊院。[1]

第一位闽王王审知是佛教的施主。绝大多数能够得到的关于王审知活动的材料，都出自诗人黄滔的作品。黄滔对其主王审知的影响很大，他为闽地许多石碑和宗教建筑尤其是佛寺撰写了碑铭文。其中一篇是《报恩定光多宝塔碑记》，讲的是威武军节度使、琅琊王王审知曾于901年发下誓愿，向众神发誓要在福州开元寺修建此塔。[2]此寺很值得一提，因为它是唯一一座逃过唐武宗迫害的佛寺。王审知又将其重修得金碧辉煌。[3]黄滔也讲到，在906年，他的主上铸造了一尊金铜佛像（可能是释迦牟尼佛，但文献中未提及其名），高一丈六尺，另外铸

---

1 《闽都记》卷5，页11a。
2 《莆阳黄御史集》，页325—326。《唐会要》（武英殿本，卷48，页11a）载："天授元年十月二十九日，两京及天下诸州，各置大云寺一所。至开元二十六年六月一日，并改为开元寺。"这些日期分别对应的是690年和738年。《乾隆福建通志》（卷62，页12b）载，福州开元寺可以追溯到549年，只是名称迭更。
译注：黄滔《大唐报恩定光多宝塔碑记》："我威武军节度使、相府琅琊王公，祝天地鬼神以至忠之诚，发大誓愿，于开元之寺造塔，建号寿山。"《乾隆福建通志》卷62："闽县开元寺，在芝山南，梁太清三年建。旧名灵山，寻改大云，唐初改龙兴，开元间改今名。"
3 《闽侯县志》卷19，页1b。这个文献记载了这一时期很多其他寺庙的名称，见卷19—20。
译注：欧阳英修、陈衍纂《民国闽侯县志》卷19："开元寺，在子城东芝山南，梁太清三年建。旧号灵山，寻改大云，唐初曰龙兴，开元间以年号改今名。会昌间汰天下僧寺，州存其一，即此是也。闽王审知泥金银万余斤，作金银子四藏经各五千四十八卷。"1933年刊本，页102。按：作者谓开元寺为唯一逃过唐武宗灭佛毁寺之举的佛寺，不确。据《闽侯县志》，开元寺应是"福州唯一存留的佛寺"。

了一尊菩萨像，高二丈三尺。两尊佛像俱是"铜为内肌，金为外肤"[1]。在黄滔文集中，王审知佞佛不遗余力，其事例不胜枚举，这里所举的只是其中最有代表性的。在《福建通志》的《王延嗣传》[2]中，同样有这一方面的证据。王延嗣是王审知的侄子，无疑是由于他倾心儒家教化，《福建通志》才为他立传，而当时的正史资料中却没有记载到他。据《王延嗣传》记载，闽人倾心佛教，以至于"审知亦溺其说，穷极土木，以兴梵宇"。

王延彬是王审知的另一个侄子，他曾在泉州执政，时间很长，声誉亦佳。和他叔叔一样，他也被这个外来宗教所吸引。据说，他"好说佛理"，常有"禅客谒见"。[3]已知他的朋友中有一位诗僧，名叫慧稜，后来去了闽国都城福州。[4]

闽国第一位皇帝王延钧，虽然是一个道教支持者（王审知从未称说道教），却并没有忽视佛教徒。早在929年，亦即他登基之前四年，他就曾"度民二万为僧，由是闽中多僧"[5]。如果我们将那本偏好保存耸人听闻的逸事，而非保存更传统史实的文献

---

1 《莆阳黄御史集》，页289。
2 《道光福建通志》卷171，页3a。
3 《五国故事》卷下，页9b。
4 《全五代诗》卷87，页1326。又见上文"建筑"一节。
5 《资治通鉴》卷276，页11b。此处引文的意思是说，僧侣人数扩张的额度得到了官方批准。
译注：《资治通鉴》卷276："闽王延钧度民二万为僧，由是闽中多僧。"宋代政府机构发给公度僧尼，以证明其合法身份的凭证，称为度牒。这里的"度"应是发放度牒之意。

第六章　信　仰　145

《五国故事》作为依据，那么，王延钧在933年"篡位"之后，就开始忧虑其政权合法性，关注其最终归宿。他批准供养300万僧侣，并缮写300藏佛经，以此获取内心的平静。[1]第一个数字不太可信，只能当成一个空想的目标，而不能作为实际的情况。

在王继鹏统治期间，道教信徒继续把持朝政。从文献资料中没有看到王继鹏曾经公开支持过佛教，但闽国的佛教整体上仍在持续发展。很多佛像明显是由君主敬献的，比如有一尊彩绘泥塑佛像，便是由王继鹏捐献，宋代时仍保存在太平兴国寺中。[2]有一段文字，据说写于938年，刻在闽县的一口义井上，说的是民间举行虔诚的佛教献礼活动。[3]还有一件有趣的事：林省邹因为不满王继鹏的统治，打算穿上僧袍，逃往北方。[4]此事发生在939年夏末。从这一事件可以看出，僧人可以相对自由地迁徙，不致受人怀疑；也可以看出，当时僧人数量巨大，因为最好的伪装就是装扮成最常见人群的模样。

没有证据表明王延羲曾受到道教的影响。他即位后，便将道

---

[1]《五国故事》卷下，页6a。关于闽国佛经缮写，详参盘大定《中国佛教研究》，页461。
译注：《五国故事》卷下："（延钧）即位日，既被衮冕，遂恍惚不能自知。久之，方苏。乃心许饭僧三百万、缮经三百藏，寻而稍安。"按：此处"三百万"应是钱数，而非僧数。
[2]《舆地纪胜》卷133，页7b—8a。此寺在沙县。
[3]《道光福建通志》卷38，页17b。
[4]《资治通鉴》卷282，页2a。

教徒从朝中赶走,这可能是他对在王继鹏及其爪牙手中所受屈辱的反击。毫无疑问,他是一位虔诚的佛教徒,因为我们读到史料,他"又度民为僧,民避重赋多为僧,凡度万一千人"[1]。此诏颁于940年夏。这一数字与上文提到的王延钧朝的诏令相互矛盾,但王延钧朝的那个数字无疑被严重夸大了。941年,王延羲曾捐建一座佛塔,相关细节见于《福建通志》。[2]此塔名为"崇妙保圣坚牢塔",是在始建于799年的唐"无垢净光塔"基础上重建的。[3]塔共七层,第四层有碑,记载此塔是王延羲为自己、家人以及闽地五州所有百姓而建的。每层供一佛,各层不同,另有祈福题名碑,列有皇室成员等闽国重要人物的名字。这些资料可以归纳如下:

第一层　金轮王佛[4],供奉者是大闽皇王曦。

第二层　当来下生弥勒尊佛,供奉者是大闽后、李氏

1　《资治通鉴》卷282,页12a。
2　《道光福建通志》卷39,页27a—28a。碑文由林同颖撰写,僧无逸书丹。见《闽侯县志》卷49,页3a。
3　说见《道光福建通志》引《三山志》。碑文另见《道光福建通志》卷68,页23a—b,《石塔碑刻记》一卷,"石塔"即此塔。对比《闽都记》卷10,页27b。常盘大定《中国佛教研究》(页463—464)质疑此塔是否真正为唐塔重建,他引录证据,证明唐塔是木结构,王延羲是在唐塔原址上新建了一座石塔。常盘大定一书的图版中,还有此塔及其第一层所供金轮王佛浮雕像的照片。
4　关于中文佛名的梵文写法,我从F. D. 莱辛教授(F. D. Lessing)处受教良多。他告诉我,将"kanaka"翻译为"金"完全是出于猜测。

第六章　信　仰　147

十九娘。

第三层　无量寿佛,供奉者是闽王王亚澄及其妻、越国夫人余氏十三娘。

第四层　多宝佛,供奉者是福清公主王氏二十六娘与驸马同中书门下平章事陈文质。

第五层　药师琉璃光佛,供奉者是节度副使王继潜、宫苑使王继源及其他三位出于王氏的公主:顺昌公主王氏二十七娘、建安公主王氏二十八娘、同安公主王氏二十九娘。这一层的祈福碑文很有意思,即在佛教语境中使用了道教意象,公主们援引了"月娥"和"星媭"等典故。[1]

第六层　龙自在王佛,供奉者是贤妃尚氏十五娘。此处的祈福碑文也有非常强烈的道教意味,那就是"蓬岛群仙,每降延龄之箓"。

第七层　释迦牟尼佛,供奉者是同中书门下平章事李真与其妻赵国夫人陈氏,以及其他贵族与夫人们,其中包括很多皇室公主。

---

[1] 中国南方的运命,是与被称为"媭女"或者"女宿"的星座连在一起的。因此,《汉书》(卷26,页0401b)载"媭女扬州",同书另页(卷26页,0402b)载"媭女粤也"。或许,这个星座被当成闽国的守护星,由于星座中带有"女"字,因此,特别适合公主们祈福时使用。

据我所知，卓岩明是中国历史上唯一以僧人身份黄袍加身、登上帝位的人。老谋深算、朝秦暮楚的李仁达，并不确定那群与他一同反叛的乌合之众究竟是何想法，于是把他从雪峰山一座寺里迎来的这个人拥为天子。他的证据就是，卓岩明"目重瞳子，垂手过膝"[1]。卓岩明突然登基之前，是上文提到的雪峰山神光寺的住持。[2]他在位时间很短，行政能力也不突出——对于一个傀儡来说，这或许是件好事。据记载，当王延政军在945年五、六月间攻打福州时，卓岩明"无它方略，但于殿上噀水散豆，作诸法事而已"[3]。

对王延政的宗教倾向，我一无所知。

在当世诗人的作品中，特别是韩偓和徐夤的诗中，有关闽国佛寺及其僧侣，尤其是其中著名的禅师，材料十分丰富。当时最为人所知的和尚是和龙妙空禅师，王继勋曾写过几首诗纪念他。[4]还有一位名字叫"鸣"（姓已不可考）的，也给这位禅师写过一首诗，并保存了下来。[5]当世诗歌中写到的，生活于福建

---

1 《资治通鉴》卷284，页14a—b。《新五代史》。
2 《五国故事》卷下，页11a。常盘大定《中国佛教研究》（页457—460）描述了一些闽国著名僧人的生平事迹，其中最重要的一位是王审知的至交，义存和尚。这些传记的原始资料，大多数我都没有。义存的活动中心，亦在上文提到的雪峰。他有好几个徒弟也从这里走出，包括上文提到的慧棱和尚。
3 《资治通鉴》卷284，页16b—17a。
4 《全五代诗》卷75，页1136。
5 《全五代诗》卷87，页1322。

山水之间的僧人还有：常雅[1]；文炬[2]，字涅槃，亦即妙应大师黄涅槃，他曾预言留从效的败亡。[3]最后还有一位超觉禅师。[4]他不是别人，正是在"建筑"和"文学"两节中提到的慧稜。据《宋高僧传·慧稜传》载，他本是杭州人，后来"闻南方有禅学"，便来到了闽国。闽国王氏私下封他为"超觉大师"。[5]毫无疑问，福建是此时禅宗的一个重要中心。

道　教

虽然没有证据表明道教信仰和道教生活在闽人中流行到什么程度，但黄老之学对某些皇帝统治下的朝廷产生了重大影响，特别是在王氏家族第一个登基称帝的王延钧统治下的朝廷。这里面有着某种内在的逻辑，因为佛教的人生态度趋于谦退，可能更适合王审知这样安于现状、无意僭越的藩王，而道教植根于中国帝王传统之中，能够提供超自然的支撑，支持那些追求天命神授有

1　《全五代诗》卷87，页1326。
2　《全五代诗》卷87，页1327。此僧俗姓黄，关于他和其他闽国著名僧侣的传记，参见《十国春秋》卷99和《乾隆福建通志》(卷60，页6a)。
3　《全五代诗》卷87，页1330。
4　《舆地纪胜》卷128，页14a。
5　译注:《宋高僧传》卷13《后唐福州长庆院慧稜传》，"闻南方有禅学，遂游闽岭，谒雪峰，提耳指订，顿明本性"。页309。

政治野心的人。

王延钧觊觎帝号的第一个征兆，就是他将道士陈守元及另外三名巫师徐彦、林兴、盛韬提拔到朝廷任职。[1]这几位能人说服他们的主上兴建宝皇宫，并以陈守元为宝皇宫宫主。此事发生在931年夏。[2]在这一方面应该指出的是，很多关于闽国未来贵人的祥瑞之兆，都是在大多数道士出身的那群人中传播。下文"传说和民间信仰"一节将讨论这些问题。932年一月，王延钧的精神导师建议他暂时从王位上退下来，专心修道，得道之后灵魂净化，就可以继续做六十年的天子。二月二日，这位未来的皇帝放弃王位，令其子王继鹏暂摄军府之事。王延钧"受箓"，意在转达

---

1 确认这三名巫师，我这里依据的是"四部丛刊"本《资治通鉴》（卷277，页14a）。"四部备要"本只记载两名。今将相关段落缕列如下，即可明了。
① "四部丛刊"本（卷227，页14a）作"徐彦、林兴、盛韬"，"四部备要"本作"徐彦林与盛韬"。
② "四部丛刊"本（卷277，页22a）作"徐彦等"，"四部备要"本作"徐彦林等"。
③ "四部丛刊"本（卷282，页3b）与"四部备要"本均作"林兴"。
　　简言之，在第一种情况下，"四部备要"将"兴"写作"与"，故须读作"徐彦林"与"盛韬"，而"四部丛刊"则须读作"徐彦、林兴、盛韬"。在第三种情况下，"四部备要"又出现一个"林兴"，显得自相矛盾。要之，"四部丛刊"本应该是对的，徐、林、盛三人都应与此事有关。此外，《新五代史》亦写作"徐彦"，而非"徐彦林"。
2 胡三省认定闽国的衰落，就是从这些人的得势开始的，这显然是正统儒家的观点。

第六章 信 仰　151

上天的神谕，他还接受了"玄锡"的道号。[1]四月三十日，他重登世俗大位。[2]同年七月，他让陈守元询问宝皇，他当了"六十年天子"之后归宿如何。陈守元回报说，他命中注定要成为大罗仙主，而大罗天是道教诸天中最为尊贵的。这一天意，也从北庙崇顺王[3]那里得到证实。据说崇顺王曾与宝皇会面，听到同样的说法，并将这种说法通过巫师徐彦之口传达。[4]由于有了这许多显而易见的神谕以及适时而见的神龙现身，王延钧遂于933年二月自立为天子。同年五月，他封太子王继鹏为宝皇宫使。[5]这是道教徒们取得的重大成果，直到王继鹏继位之后，他们仍可在朝堂享有崇高声望。与此同时，王延钧越来越沉湎于巫师术士的符咒蛊惑，这些人利用他的轻信易骗，厚颜无耻地行骗。他们对皇帝思想的控制

---

1 《资治通鉴》卷277，页15b—16a。《新五代史》。"玄锡"一词出自《淮南子·修务训》，"二十二子全书"本，页57a。按照李时珍《本草纲目》（卷8，页15）所言，"古人名铅为'黑锡'"，则"锡"的意思可能是"铅"。当然，这个判断不一定靠得住；然而无论如何，《淮南子》说的是一面新磨的铜镜，须待"粉以玄锡"，才能照见事物。他是以"玄锡"对铜镜的影响，比喻"学"对于人的影响。
译注：《淮南子》卷19："明镜之始下型，蒙然未见形容，及其粉以玄锡，摩以白旃，鬓眉微豪，可得而察。夫学，亦人之砥锡也，而谓学无益者，所以论之过。"
2 《资治通鉴》卷277，页17a。
3 崇顺王是王延钧尊奉的另一道教神祇，关于此神详情，参见下文"官方信仰"一节。"顺"有"顺从、遵从（正道）"之意，因此，在道教语境中亦有"正统"之意。
4 《资治通鉴》卷277，页22a。
5 《资治通鉴》卷278，页6b。

力，被国计使薛文杰利用，借以清除其政治对手枢密使吴勋[1]。国计使与盛韬联手，精心策划了一个阴谋。薛文杰告诉吴勋，如果皇帝遣使问病，告诉使者自己是头疼发作即可。同时，他们向王延钧告密，说吴勋意图谋反，为此，崇顺王以铜钉钉其脑，以金槌敲击之。皇帝遣使问吴勋之病，使者的回报似乎证实了吴勋意图谋反的事实，于是将勋下狱并屈打成招，然后将他及其全家统统处死。此事激起了国人极大的愤怒，或许是因为大众早就厌恶这位心思机巧的国计使。[2]此事发生在933年末。

陈守元和林兴在王继鹏朝仍然手握大权，王继鹏本人就是虔诚的巫术和道教信徒。还有一位著名的道士，名叫谭紫霄，被皇帝封

---

[1]《新五代史》作"吴英"，胡三省以"吴英"为讹误。
译注:《资治通鉴》卷278胡三省注云"吴勋，欧史作'吴英'"，并未说明孰对孰错。
[2]《资治通鉴》卷278，页13b—14a。《新五代史》。
译注:《资治通鉴》卷278："闽主好鬼神，巫盛韬等皆有宠。薛文杰言于闽主曰:'陛下左右多奸臣，非质诸鬼神，不能知也。盛韬善视鬼，宜使察之。'闽主从之。文杰恶枢密使吴勋，勋在疾，文杰省之，曰:'主上以公久疾，欲罢公近密，仆言公但小苦头痛耳，将愈矣。主上或遣使来问，慎勿以它疾对也。'勋许诺。明日，文杰使韬言于闽主曰:'适见北庙崇顺王讯吴勋谋反，以铜钉钉其脑，金椎击之。'闽主以告文杰，文杰曰:'未可信也，宜遣使问之。'果以头痛对，即收下狱，遣文杰及吏杂治之，勋自诬服，并其妻子诛之。由是国人益怒。"《新五代史》卷68:"文杰与内枢密使吴英有隙，英病在告，文杰谓英曰:'上以公居近密，而屡以疾告，将罢公。'英曰:'奈何?'文杰因教英曰:'即上遣人问公疾，当言"头痛而已，无他苦也。"'英以为然。明日，讽鏻使巫视英疾，巫言:'入北庙，见英为崇顺王所讯，曰:"汝何敢谋反?"以金槌击其首。'鏻以语文杰，文杰曰:'未可信也，宜问其疾如何。'鏻遣人问之，英曰:'头痛。'鏻以为然，即以英下狱，命文杰劾之，英自诬伏，见杀。英尝主闽兵，得其军士心，军士闻英死，皆怒。"

为"正一先生"。[1]陈守元则被封为"天师"，在此之前，他已经有了一个"洞真先生"的封号。[2]如今，他在事实上已经有了独裁整个政府的权力，有任免官吏的全权。他收受贿赂，据说前来请托的人太多，以至于"其门如市"。[3]巫师林兴权势熏天，甚至足以促成王延武和王延望被杀，这二人都是皇帝的叔叔，林兴与二人有仇，于是假借鬼神之名，说二人意图叛乱。[4]这件事发生在939年四、五月间。此时，林兴这个妖人似乎已经取代陈守元，成为神的最高代言人，因为据记载，这一时期的政事完全控制在林兴手里，他能够传达宝皇的旨意。[5]

---

1 《新五代史》。《清异录》（卷下，页60a）记载了王继鹏是如何每月向谭紫霄进献精妙的"山水香"的。"紫霄"是相当常见的诗歌词语，但有时也会用来指想象中的天子的尊贵居处，例如"升紫霄之丹地"（《南史》卷62，页2690a）。但这个词语也有道教内涵，这一点可以从与"紫微"一词的类比中推出。我对于"霄"（cirrus）字的翻译，主要依据《广韵》的释义："霄，近天气也"。"正一"这一名号，与几位著名的道教徒紧密相连。《辞海》载有张正常，他是著名的东汉张道陵的后人，在明初被封为"正……贞人"。然而，从本书所引文本用法来看，毫无疑问，"正一"是一个历史悠久的道教术语。又参见《新唐书》（卷196，页4086d），其中一道士提到"正一法"。
译注：《新五代史》卷68："昶亦好巫，拜道士谭紫霄为正一先生。"《清异录》卷下："道士谭紫霄有异术，闽王昶奉之为师，月给山水香焚之。香用精沉。上火半炽，则沃以苏合油。"
2 《资治通鉴》卷279，页22a。《新五代史》记此事发生时间在936年一月。"天师"之号，是大家熟悉的，自汉代以来，张道陵及其后代一直用此称号。
3 《资治通鉴》卷279，页22a。
4 《资治通鉴》卷282，页3b。
译注：《资治通鉴》卷282："闽主忌其叔父前建州刺史延武、户部尚书延望才名，巫者林兴与延武有怨，托鬼神语云：'延武、延望将为变。'闽主不复诘，使兴帅壮士就第杀之，并其五子。"
5 《资治通鉴》卷282，页3b。

154　闽　国

与此同时，王继鹏比其父更积极地为道士兴建华丽辉煌的宫室。937年的五、六月间，他修建了紫微宫，"饰以水晶，土木之盛倍于宝皇宫"[1]。939年春天，王继鹏又建造了一个"三清[2]台"，这是在宫禁之地修建的三层建筑。在这个神台之上，他铸造了宝皇大帝、天尊和老君亦即老子的金像（原文称"以黄金数千斤"）。[3] 三清台建好后，他于此处焚烧大量珍贵香料，诸如龙脑、乳香，并在台下奏乐，目的是为了求得大还丹。[4] 王继鹏还建造过一座宗教建筑——白龙寺，从名字来看，这是一座佛寺。然而，这座寺庙的修建缘由，却是一名道士报告说在螺峰[5]见到了一条白龙，后来就在此地修建了白龙寺。[6]

君主热衷于宗教，一些臣下起而仿效，这是必然的，无论

---

1 《资治通鉴》卷281，页4b。
2 "三清"即上清、玉清和太清。见胡三省注。
3 《资治通鉴》卷282，页3b。《新五代史》。
译注：《资治通鉴》称为"三清殿"，《新五代史》称为"三清台"。又，薛爱华将"天尊老君"误为一人。实则天尊即元始天尊，老君乃太上老君。
4 《新五代史》。《资治通鉴》仅称"神丹"。"大还"、"小还"，语出《淮南子·天文》，指的是太阳运行轨迹。这两个词语后来也成为道教的炼丹术语，指称丹药的种类。故项斯有诗云："从服小还后，自疑身解飞。""三清台"在《金凤外传》中称作"三清殿"，毫无疑问指的是台上的主要建筑。《金凤外传》还记载了谭紫霄是如何引导春燕和其他宫中贵妇们在三清殿祈福的。
5 《乾隆福建通志》（卷3，页8b）载螺峰在福州北的侯官县，在龙腰山附近。
6 《资治通鉴》卷281，页6b。此事在937年六月，继鹏对佛教并不陌生，如果我们采信《清异录》（卷上，页35a）的证词，那么，他曾在一次御花园宴会中引用《弥陀经》。闽国通行的其他佛经，还有《法华经》和《金刚般若经》。后者曾在徐夤写给自己妻子月君的诗中提到（见《全五代诗》卷80，页1204及页1208；此诗见于《涌幢小品》）。
译注：《资治通鉴》卷281："方士言于闽主，云有白龙夜见螺峰；闽主作白龙寺。"

第六章　信　仰　155

这种仿效是出于真心还是别有所图。能够证明这一观点的一个例证，便是参政事叶翘，虽然并不知道他模仿的程度如何。这位博学而正直的官员，在王继鹏即位前曾是其老师。但是，学生登基后却忽略了自己的老师，因此，叶翘试图"着道袍"离开朝廷。[1] 此事发生在935年十二月。王继鹏的叔叔王延羲，是一个名不符实的道教徒，他在其侄子死后成为闽国第三任皇帝。为了不让侄子皇帝对自己产生怀疑，王延羲故意装疯卖傻，皇帝就让他穿上道袍，打发他到武夷山去做道士。[2] 然而，并无任何证据表明王延羲喜欢道教，我所能找到的他统治期间道教影响的唯一痕迹，是他所建宝塔中向佛教诸神祈愿铭文里用到的道教典故。

官方信仰

有关闽国统治者关注正统"儒教"的记载很不常见。然而，像王审知这样忠心勤恳的一方诸侯，肯定不会任由自己对佛教的庇护影响儒教这一古老信仰的仪式，更不要提他那些继任者，他们都不可避免地要履行正统儒教的礼仪，以支持皇权权威。不过，

---

[1] 《资治通鉴》卷289，页21b。
译注：此事见《资治通鉴》卷279，作者误为卷289。
[2] 《资治通鉴》卷282，页5a—b。

我所掌握的例证是较为琐碎的。其中有一些最好归类为大众宗教，虽然它们有一些特征是与官方儒教相同的，比如，它们都关注地方官的职责，将地方官视为天子的代表。第一个例子是闽县玷琦里的一座石庙，这座庙是应王审知要求而修建的，907年末被梁朝封为昭福祠。[1]但是，王审知要求修建此庙的具体情境并未载明。王审知也曾通过劝课稻作履行自己作为一方百姓父母的职责。因为据传说，福清县鼓楼下有一土墩，那是王审知祈祷稻苗茁生的地方。[2]

王延钧为古闽越王无诸向后唐朝廷请来了富义王的封号，在福建无诸王庙祭祀时使用。此事发生在931年七月。[3]福州城西南角的乌石山有一座社稷坛，修建时间很早，但闽国统治时又重建了一次。[4]王延钧之后，历代闽国皇帝都会举行祭天大典，但我发现关于闽国皇家祭天记载中，只有一条提到郊坛的位置。这郊坛是王延政即位大殷皇帝时修建的，位于建州南三里的升山之上。[5]当然，这里也是皇帝举行最重大的皇家仪典即"南郊"之礼的

---

1 《五代会要》，"丛书集成"本，卷11，页147。
2 《道光福建通志》卷39，页8a。
3 《五代会要》卷11，页147。《册府元龟》卷33，页11b。《闽都记》（卷14，页7b）载930年在福州城南建有无诸庙。
译注：《册府元龟》卷33应是卷34之误。.
4 《乾隆福建通志》卷15，页1b。
5 《舆地纪胜》卷129，页10b。

第六章　信　仰　157

地方。

追随王氏家族的功臣,特别是其中的军事英雄,死后有时会封神享祀。一个很恰当的例子是光威振远将军庙,此庙建于940年,但光威振远将军的本名已经湮没无闻。[1]崇顺王的例子与此类似,前文"道教"一节已经提到过。对芸芸众生来说,这位神祇成神前是一个将领,名叫刘行全,他本在造反领袖王绪军中服役,王审知兄弟也是在这支军队中声名鹊起的。897年,在王潮任刺史期间,刘行全被追封为武宁侯,919年升为王爵。[2]另一位王审知的副手,姓陈,死后建庙奉祀,庙建在都城以西闽清县附近,后来被称为昭显庙。[3]还有一位民众奉祀的神,原是长乐县本地人,不知名姓,百姓奉为神明,为的是纪念他献出自己的田地来修建桃枝湖,献出自己的住地来修建大泽寺。[4]

摩尼教

在摩尼教从中国其他地方消失之后,福建的信众们仍然坚持这一信仰,这是人所共知的事实或者认知。唐代开放包容,

---

1 《闽都记》卷5,页11a。
2 同上,卷24,页15a—b。
3 同上,卷29,页2b。
4 《长乐县志》卷16,页28b。

充满着异域风情，宋代则几乎靡有孑遗，摩尼教从唐代到宋代之间的历时链条已经失落。从《福建通志》的一段文字中，也许可以找到这一链条。这部方志讲到，在福建东北部的福鼎县（今福建福鼎市），曾有一座摩尼宫，其遗址坐落在太姥山摩霄峰神殿附近。在断石残砖之间，藏着一个神像，信众对像祈祷，便能梦想成真。《福建通志》载此庙建于五代时期，但却无法确认是否在王氏统治时期。无论如何，在没有找到相反证据之前，把这一摩尼教徒朝拜场所建造时间定为10世纪的传统说法，可能还是可信的。[1]

传说和民间信仰

和中国的其他地方一样，福建民间流行这样的信仰：他们相信各种各样超自然物的存在，但又与儒释道等几种主要的有组织的信仰没有直接联系。那一时代的文献中保存了一些10世纪

---

[1]《道光福建通志》卷47，页4b；卷14，页9a。见伯希和《福建的摩尼教遗迹》（《通报》第二辑，第22卷3期，页193—208，1923年刊）与陈垣《摩尼教入中国考》（《国学季刊》第一辑，页203—240，1923年刊）。文中提到"石像"，让人产生了遐想。它还在原处吗？关于摩尼教庙宇名字有一"宫"字，见伯希和的翻译，他在注释中认为，"宫"通常是一个道教术语。唐代摩尼教庙宇常用"寺"字，这一点是和佛教一致的（见陈垣所举例证，上引书页215、页219），有一座10世纪的摩尼教庙宇（不在福建），是用"院"（同上，页223）来命名的。"摩尼"在梵语中的意思，不排除是珍珠的可能性，但用"宫"来指佛教建筑，是不可能的。

第六章 信 仰 159

的民间宗教样本。其中一个事例与王审知开辟新的黄崎港有关。[1]这个故事毫无疑问很大程度上是杜撰出来的，说的是闽王王审知梦见一个金甲神前来，自称吴安王，许诺帮助王审知实现夙愿，即扫除黄崎港通航的障碍。王审知派自己的下属刘山甫[2]到海边祭祀神灵。祭祀完毕后，海中神怪全都现身，最后出现了一个奇怪的东西，此物"非鱼非龙"，黄鳞，红鳍，巨大的风暴持续了整整三天，其后，新的港口突然出现在了人们眼前。[3]福建人一致认为，这个非同寻常的事件，是他们君主的德政所致。[4]另外还有一则关于鬼怪的传说，也与皇家有关。王延禀第一次来建州时，劫掠了一座山寺，寺里有个僧人没有起身致敬，反而继续诵读《法华经》，王延禀大怒，杀死了他。其后，王延禀经常看到这个不幸僧侣鬼魂现形，有时，鬼魂会变成其兄弟王延钧的模

---

1 见本书"自然景观"章。
2 见本书第五章"文学"一节。
3 《太平广记》（卷313，页2a—b）引《北梦琐言》。
译注：《太平广记》卷313："福州海口黄埼岸，横石峘巘峭，常为舟楫之患。王审知为福建观察使，思欲制置，惮于役力。乾宁中，因梦金甲神，自称吴安王，许助开凿。及觉，言于宾寮。因命判官刘山甫往设祭，祭未终，海内灵怪俱见。山甫息于僧院，凭高观之。风雷暴兴，见一物，非鱼非龙，鳞黄鬣赤。凡三日，风雷乃霁。已别开一港，甚便行旅。"
4 《新五代史》。
译注：《新五代史》卷68："海上黄崎，波涛为阻。一夕，风雨雷电震击，开以为港，闽人以为审知德政所致，号为甘棠港。"《十国春秋》卷90所记略同，唯复云："唐帝赐号曰'甘棠港'，封其神曰'灵显侯'。"

样。这让他甚感忧惧。记载这则故事的文献,即以此作为未来王延禀被其兄弟王延钧杀害的预兆。[1]至少有一条材料讲到,王延翰的那个恶妇崔氏因恶鬼索命而死。[2]

这个时期还有一些关于无生命物体被超自然存在所控制,或者至少被某种神力附体的传说。第一个例子就是王潮神剑的故事。王绪被杀死后,无人悲悼,军队需要选举一名新的头领,众人歃血为盟,约为兄弟,并依次对着插在地上的宝剑祝拜。轮到王潮祝拜的时候,宝剑从地上一跃而起,于是他就成为新的头领。这一神秘事件,标志着王氏统治福建的开端。[3]还有一把宝剑是新罗王送给王继鹏的,虽然说不上"灵异",但确实精美异常,而且可能有护身符的作用。在一次宴会上,皇帝王继鹏向宰相王倓展示这把宝剑,并问其此剑有何用途,王倓答道:"斩为臣不忠者。"王延羲当时在场,此人早有不臣之心,闻听此言,

---

1 《五国故事》卷下,页6b—7a。
2 《新五代史》,卷68。
3 《旧五代史》卷134,页4371a—b。而《新唐书》(卷190,页4075b)载此剑是王审知祝祷时跃起来的,不过,王审知把权力让给了兄长。
译注:《旧五代史》卷134:"绪多疑忌,部将有出己之右者皆诛之。潮与豪首数辈共杀绪,其众求帅,乃刑牲歃血为盟,植剑于前,祝曰:'拜此剑动者为将军。'至潮拜,剑跃于地,众以为神异,即奉潮为帅。"《新唐书》卷190:"潮苦让不克,乃除地剚剑,祝曰:'拜而剑三动者,我以为主。'至审知,剑跃于地,众以为神,皆拜之。审知让潮,自为副。"

第六章　信　仰　161

"凛然变色"。[1]王延羲登基之后,新罗使者又献来一把宝剑,于是,这个皇帝用这把剑将死去已经很久的王倓分尸,这证明他对当初这个与自己有关的预兆十分反感。据说王倓尸体面容如生,血顺着剑痕流出。[2]这里所说的这些宝剑,和马来短剑一样,都必须看作孕育着王权之精。与此类似的还有一个铁器,它曾经属于王审知。据说这是闽人柳真龄的传家之宝,他将其献给王审知。王审知将此物送给吴越王钱镠,钱镠又将其给了一个僧人。最终这个东西到了大诗人苏轼手里,他还写诗表示感谢。他评论说,这件物品是赋有灵性的。[3]这种东西似乎向来只能由大德之人拥有。

各种形式的谶纬与预言在闽国大地上广泛存在,我们可以找到很多与谶纬预言相关的趣闻逸事,这一时期的诸多名人参与其中。据说,曾有一个"碎石僧"用对联的形式,预言了王氏家族

---

1 《资治通鉴》卷283,页12a。参见海伦·查平(Helen B. Chapin)的博士论文,《王朝宝剑之研究:丰城双剑与汉高祖之剑》(*Toward the Study of the Sword as Dynastic Talisman: the Feng-ch'eng Pair and the Sword of Han Kao Tsu*),伯克利加州大学,1940年。此书中随处可见有关神剑的描写,这些神剑往往成双成对,可以保护一个王朝。
2 《资治通鉴》卷283,页12a。《新五代史》。
3 《东坡七集》,"四部备要"本,卷12,页4a。
译注:苏轼《铁拄杖》诗序云:"柳真龄字安期,闽人也。家宝一铁拄杖,如柳栗木,牙节宛转天成,中空有簧,行辄微响。柳云得之浙中。相传王审知以遗钱镠,镠以赐一僧。柳偶得之,以遗余,作此诗谢之。"英文原书称此杖由柳真龄献于审知,误。柳氏乃东坡同时之人。

162　闽国

的掌权：

> 岩高潮水没，
>
> 潮退矢口出。

这副对联包含两个双关语和一个字谜。"岩"指的是陈岩，会在潮水冲击下崩塌，"潮"指的是王潮。等到"潮"退去后，取而代之的是"（审）知"。"知"字由"矢"和"口"组合而成。[1]另外一则关于王潮兄弟的故事，说他们兄弟俩曾去探访一位日者，日者仔细打量二人，最终做出这样的预言："一个胜一个。"这句话的意思是说兄弟两人中一位会比另一位更荣耀。据说王审知听了此言，离开的时候汗流浃背。[2]更有甚者，我们还知道一则故事，故事中有人预言自己的死亡，而这种事通常是无法预卜的。这位预言专家就是倒霉的薛文杰。934年初，当王继鹏派军押解他前去受刑时，他声称只要能坚持三天，自己就会毫发无伤。押解他的士兵们全速行军，不到三日就赶到军营，于是，薛文杰被处死，下场可耻。[3]我不知道闽国军队中是否附设有占卜者，但看起来这个可能性很大。无

---

1 《五国故事》卷下，页5a。
2 同上，"潮尝使日者视己兄弟，曰：'一个胜一个。'审知方侍其侧，沾汗而退"。
3 《资治通鉴》卷278，页16a—b。

论如何，942年八月在尤口，王延羲的将领黄敬忠本该与建州军交战，却因听信占卜者的建议而停止进攻，从而失去了进攻的有利时机，最终兵败身死。[1]最后一段故事说明了相面的用途，可以唆使他人参与谋杀行动。944年底，当留从效图谋攫取泉州控制权时，他挑选一些勇士，意在谋杀朱文进在泉州的代理人，他向他们保证一旦谋杀成功，必有富贵荣华。他明确地对他们说："吾观诸君状貌，皆非久处贫贱者。"[2]

还有一则逸事，可能在这里不值一提，但是很有意思，因为故事本身带有强烈的超自然色彩。故事说的是延平村有一个村民，夜里梦到有人告诉他到山林里去，应有"所得"。一开始，这个村民并未得到什么好东西，但最后却发现了一些赤土，红得像朱砂，还能够发光，于是，他把这些红土带回家去。王延政听说有这么一种奇物，就派人取走用以装饰自己的宫室。[3]

---

1 《资治通鉴》卷283，页4a—b。
译注：《资治通鉴》卷283："黄敬忠将战，占者言时刻未利，按兵不动；洪实等引兵登岸，水陆夹攻之，杀敬忠，俘斩二千级，林守亮、黄绍颇皆遁归。"
2 《资治通鉴》卷284，页7b。
3 《稽神录》卷5，页40。又见于《太平广记》卷374，页9a。
译注：《稽神录》卷5："王延政为建州节度。延平村人夜梦人告之曰：'与汝富，且入山求之。'明日入山，终无所得。其夕复梦如前，村人曰：'旦已入山，无所得也。'其人曰：'但求之，何故不得？'于是，明日复入，向暮，息大树下，见方丈之地独明净，试掘之，得赤土如丹，既无他物，则负之归，以饰墙壁，焕然可爱。人闻者竞以善价从此人求市。延政闻之，取以饰其宫室，署其人以牙门之职。数年建州亦败。"

史书和史料笔记中记载最多的超自然现象，就是有预兆的事件。在中国政治中，谶兆始终扮演着重要的角色，那些渴望登上皇位的人都有一些代理人，这些代理人总会积极搜集并热心传播其主子乃上天庇佑的真龙天子的谣谶，或者宣传在位者已为上天所厌弃。很多有关这方面的材料，在闽国得以保存。

五代十国的史料中，有关王审知天命非凡的预兆特别引人注目。上文已经提到了甘棠港的传说。另有一则故事说的是，懿山寺的一位僧人曾经告诉王审知他的王朝寿命有多长，僧人是这么说的："大王骑马来，骑马去。"此则材料还提到，和尚的话最终被证明是对的，因为王审知获得闽地权柄是在一个马年（丙午年），而后来闽国覆亡在另一个马年（也是丙午年）。[1]然而不幸的是，要按最宽松的算法，才能说这个预言是正确的。这里提到的两个丙午年，只能是886年和946年。前者是王潮攫取泉州的年份，[2]即使将此事作为闽王朝建立的标志，那也绝不是王审知掌权的年份。同样，王氏倒台确定是在945年，而不是946年。

另一个神奇的故事是关于王潮的。当他成为泉州刺史后，有一天在州城以北的桃林村发生了地震，其声如数百面鼓一齐擂响。次日，当地百姓发现地里种的庄稼全部消失了，把地面刨开

---

1 《五国故事》卷下，页9a。
2 《资治通鉴》卷256，页16b。

后，发现庄稼的茎秆都埋在地下。这条史料还告诉我们，王审知完全占有闽地就在这一年。和前一个事例一样，这也是夸张的叙事。六十年（这个数字也并不精确）后，在这片庄稼生长的土地上，又发生同样的地震灾难，而王延羲也在这一年被谋杀了。[1]

还有两则预言与王审知之侄、同时代人、时任泉州刺史的王延彬有关。对于他来说，这两则预言都有一定的误导性。据说，王延彬出生在泉州一个佛寺里，他出生之时，有只白雀在佛堂中筑巢，王延彬去世后，雀巢也随之消失。[2]还有一则说的是，泉州出现白鹿和祥瑞之兆紫芝，僧人浩源将其解释为王者之兆。此后王延彬变得日益"骄纵"，最终被其叔父削职为民，而僧浩源则被处死。[3]

---

1 《稽神录》卷5，页39—40。
译注：《稽神录》卷5："闽王初为泉州刺史，州北数十里，地名桃林。光启初，一夕村中地震，有声如鸣数百面鼓。及明视之，禾稼方茂，了无一茎。咸掘地求之，则皆倒悬在土下。其年，审知克晋安，尽有瓯闽之地六十年。至其子延羲立，桃林地中复有鼓声，禾已收获，余粳在田。及明视之，亦无一茎，掘地求之，则亦倒悬土下。其年，延羲为左右所杀，王氏遂灭。"
2 《五国故事》卷下，页9b。
3 《资治通鉴》卷271，页7a。据记载，此事在921年一月或二月初，这两个预兆是有歧义的。比如，白鹿曾被解释为王朝衰微的象征，所以，"（周）穆王得白狼、白鹿，而文、武之业衰焉"。（《宋史》卷61，页4629د）白色常被当成不祥之色，如《新唐书》（卷35，页3716c）谓白鹿现，"近白祥"。又载，"白者，战祥也"。然而，在我们所引用的材料里，白鹿明显是一个祥瑞之兆。
译注：《资治通鉴》卷271："延彬治泉州十七年，吏民安之。会得白鹿及紫芝，僧浩源以为王者之符，延彬由是骄纵，密遣使浮海入贡，求为泉州节度使。事觉，审知诛浩源及其党，黜延彬归私第。"

最神奇的预兆，与闽国第一任皇帝王延钧的名字及其命运联系在一起。有人报告说，在王延钧住处真封宅看到了龙，于是，王延钧将宅第改名为"龙跃宫"。[1]紧接着，他就去宝皇宫接受册封大典，登上皇位，并定年号为"龙启"。

　　王延钧即位不久，就被迫暂时从皇位上退下来，原因是上天通过地震向他发出警示。他对外宣称是"避位修道"。此事发生在933年五月三十一日。[2]在他死前，出现了更多的奇异之象。皇帝在其屋中看到一条赤虹，喝完金盆里盛的水后，这个奇观就消失了。另外，就在皇帝遇弑之前，亦有紫芝生于殿门。[3]

　　百姓普遍认为，闽国的崛起是天命注定的。当王继鹏派往北方后晋朝廷的使节到达大梁时，使者出示了一封国书，开头便是"闽国一从兴运……"。[4]这个信念是由与王继鹏名字相关的传说支撑的，胡三省的注保存了这一传说，使其免于湮灭不传。[5]他引用了薛居正《旧五代史》中的一段故事，但现存的《旧五代

---

1 《资治通鉴》卷278，页5a。《新五代史》记此事，作"黄龙"。
2 《资治通鉴》卷278，页6b。他前一次退位，在"道教"一节下已讨论过。
3 《五国故事》卷下，页6a。参见《新唐书》（卷34，页3714b）："赤气，血祥也。"
4 《资治通鉴》卷282，页7a。此事发生在939年十一月二十六日，其时王继鹏已死。
译注：《资治通鉴》卷282："冬，十月，庚戌，闽康宗所遣使者郑元弼至大梁。康宗遗执政书曰：'闽国一从兴运，久历年华，见北辰之帝座频移，致东海之风帆多阻。'又求用敌国礼致书往来。"
5 《资治通鉴》卷277，页15b—16a。

第六章　信　仰　　167

史》却没有这段文字，而现存《旧五代史》公认是后人重辑之书。这个故事说的是："福州城中有王霸坛[1]、炼丹井。坛旁有皂荚木[2]，久枯，一旦忽生枝叶。井中有白龟浮出，掘地得石铭，有'王霸裔孙'之文，昶以为己应之，于坛侧建宝皇宫。"陶岳《五代史补》所述王霸故事与此颇有不同，其称王霸乃王氏远祖，隐居于福州怡山，是一名道士。故事中说，他在两株皂荚树下建筑了一个祭坛，祭坛下埋了一段石刻谶语，谶语说他的子孙中会有人统治此境。9世纪时，另一位道士发现了这段石刻谶语，将其解释为是王潮将要建立一个新朝的预兆。[3]

938年夏天，时当王继鹏在位，长虹再现宫中，巫师林兴传

---

[1] 把此处的"王霸"看作人名，更好理解。但"王霸"也有"国王和霸主"（King and Warlord）之意，或者更宜译为"Rex-Imperator"。
译注："Rex"是拉丁文"King"之意。"Rex-Imperator"可以翻译为"国王和皇帝"。
[2] 皂荚木为皂荚属（Gleditschia），是与树胶有关系的一种豆科植物。
[3] 这件事应该发生在王潮被任命为节度使之前十年左右，也许王潮本人是这一传说的始作俑者。《五代史补》有一序文，作于1012年，因此，此书可以视为原始史料，是对薛居正一书的补充，很有价值。欧阳修和司马光都引用此书（见《四库全书总目》卷51，页4b—5a）。关于"王霸"的这段文字，见《五代史补》卷2，页4b—6b。《闽侯县志》（卷104，页3a）有王霸传，其身份是梁朝著名炼金术士。
译注：陶岳《五代史补》卷2："先是，梁朝有王霸者，即王氏之远祖，为道士。居于福州之怡山时，爱二皂荚树，因其下筑坛，为朝礼之所。其后丹成，冲虚而去。霸尝云：'吾之子孙，当有王于此方者。'乃为谶，藏之于地。唐光启中，烂柯道士徐景玄，因于坛东北隅取土，获其词曰：'树枯不用伐，坛坏不须结。不满一千年，自有系孙列。'又曰：'后来是三王，潮水荡祸殃。岩逢二乍间，未免有销亡。子孙依吾道，代代封闽疆。'议者以为：潮荡祸殃，谓王潮除其祸患以开基业也；岩逢二乍间，谓陈岩逢王潮未几而亡，土地为其所有也；代代封闽疆，谓潮与审知也，代代盖两世之称，明封崇不过潮与审知两世耳。"

168　闽　国

播神谕，指皇室成员将有人作乱，导致皇叔王延武、王延望及其五子同被处死。[1]939年夏天，望气者言，北宫有灾异之兆，因此，王继鹏移居南宫以避祸。皇帝刚刚搬出不久，北宫就失火被焚。此事也发生在皇帝驾崩之前不久。[2]

与此同时，王延羲这颗政坛之星冉冉升起，其先兆是他的庭院中有块石头上冒起了白烟。道士陈守元被王延羲招来祛除邪祟，但陈天师却将此事解释为吉兆。很快，王延羲就接替他那个人神共弃的侄子，登上了闽国皇位。[3]然而，一些显而易见的信号，也预示了王延羲本人血淋淋的下场。在他遇弒当日，皇帝陛下临幸了其妃子上官氏的私第。当他从九龙殿出来时，门帘把他头上的花拂落下来，接着他想翻身上马，但是马却畏缩惊退，费了九牛二虎之力才骑上去。没多久，他便被自己的卫士用金枪刺倒。[4]策划弒君的恶棍朱文进和连重遇，也使用超自然的理由来争取百官对他们的支持。944年四月八日，他们对百官说："天厌王氏……"[5]

---

1 《新五代史》卷68。《新唐书》（卷36，页3718c）载虹霓兆示"后妃阴胁王者"。
2 《资治通鉴》卷282，页4a。《新五代史》。
3 《五国故事》卷下，页7b。
4 《五国故事》卷下，页8b。或许前文提到的《五国故事》所载"大王骑马去"谶语，指的就是这一事件。
5 《资治通鉴》卷284，页3a。
译注：《资治通鉴》卷284："文进、重遇使拱宸马步使钱达弒羲于马上，召百官集朝堂，告之曰：'太祖昭武皇帝，光启闽国，今子孙淫虐，荒坠厥绪。天厌王氏，宜更择有德者立之。'"

第六章 信 仰

那位短暂攫取闽国皇位的僧人，本身就是各种神异传说的中心，这些传说都暗示了他未来的显赫地位。变色龙李仁达躲在皇帝身后，对众人宣称卓岩明在寺庙里睡觉时，曾有赤蛇出入其鼻中——这是上天极其眷顾其人的象征。[1]

最终，南唐军队战胜闽国之前，有位人称"建州狂僧"的无名和尚就预言了闽国的崩溃。当时人认为，此僧极善预言，他的大多数怪诞举止，都被认为大有深意。943年，这个僧人把某条道路上所有朝南的树枝全都砍掉（原文说的是"树枝南向者"，或是象征皇帝？）。有人问其何以出此奇怪之举，他解释说："免碍旗幡。"从江南征服福建的部队，果然走的是这条路。后来又有人问他："待何时当安？"他回答道："侬去即安矣。"确实，在他死后，闽国果然"竟平"。[2]

还有一则重要的谶言，来自洪州上蓝和尚。他写过如下诗句：

---

[1]《五国故事》卷下，页11a。
[2]《稽神录拾遗》（"丛书集成初编"本），页5。
译注：《稽神录拾遗》原文如下："建州有僧，不知其名，常如狂人。其所言动，多有微验。邵武县前临溪有大磐石，去水犹百步。一日，忽以墨画其石又半，困坐石上，为持竿钓鱼之状。明日，山水大发，适至其墨画而退。癸卯岁尽，砍去临路树枝之向南者，人问之，曰：'免碍旗幡！'又曰：'要归一边！'及吴师之入，皆行其下。又城外僧寺大署其壁：'某等若干人处。'书之。及军至城下，分据僧寺以为栅所，安置人数亦无所差。其僧竟为军士所杀。初，王氏之季，闽建多难，民不聊生。或问狂僧曰：'待何时当安？'答曰：'侬去即安矣。'及其既死，闽岭竟平。皆如其言。"

不怕羊入屋，

只怕钱入腹。

这里"羊"指的是吴国的"杨"氏，是闽国的世仇；"钱"是吴越皇族，最终是吴越占领了福州。[1]

上述所有的神迹，我都作为事实叙述，但其中有些可能完全是想象出来的。当然，大部分都是事实与想象的结合体。指出这一点很重要：这些预兆的出现单调而有规律，它与其时最重要的政治图谋联系，这些政治图谋意在支配百姓的看法，也意在左右皇帝的观念。[2]

---

[1]《闽侯县志》（卷106，页1b）引用《全唐诗话》，诗的原文是"不怕羊入屋，只怕钱入腹"。此书还记载了另一则类似的谶言警示。《五代史补》也记载了有关上蓝的一些逸事。据说，曾有一位将领是王潮的对手，上蓝极有见地地预卜了二人未来的命运，化解了他对王潮的嫉妒，救了王潮的命。据说这个和尚还曾隐秘地预言浙江将会落入钱氏之手。

[2] 关于福建传统的民间宗教信仰，特别是蛇和龙的崇拜以及各种山神崇拜，详见艾伯华（W. Eberhard）《古代中国的地域文化》（Lokalkulturen in alten China）II,《华裔学志》专著丛刊3（1942），页14、32、37、228、251、348、409。

第六章 信 仰   171

基本参考文献

1.《金凤外传》：作者佚名，又称《陈金凤外传》。我未见过此书原本。金云铭在其《福建文化研究书目》(《福建文化》，第1卷第2期，页14，福建协和大学，1932年2月) 中指出，此书一卷，有王宇序。序称此书乃万历年间 (16世纪) 闽地农夫掘地所得，藏于石函之中。[1] 金云铭还提出自己的看法，认为此乃伪书。更多有关此书发现的情况，详见陈衍《福建通志》(出版于1922—1942年间) 卷23《艺文志》(页25b—26a)。据说这个农夫于发现此书的同时，也发现其他一些手工制品，包括一个铜炉、一把刻有篆书"乾德五年"(967年) 的铜刀。此书纸墨甚劣，但文字勉强可读。王宇从农夫手中得到此书，将其与正史材料相核，发现并无不合之处。他与友人徐㷆对此书做了修复。此

---

[1] 译注：黄虞稷《千顷堂书目》卷5："《陈金凤外传》，一卷。金凤，闽王延钧后。王宇序云：'万历中，闽农夫掘地，于石函中得之。'盖伪书也。"

后此书传承不明，不过似乎经过徐㶒之弟徐熥之手。有时，徐熥会被认为是此书作者。此书可靠性如何，我尚不确定，但很多中国杰出学者都毫不迟疑地将此书作为原始文献引用。我根据《全五代诗》《十国春秋》《十国宫词》等文献中的引文，重新整理此书（毫无疑问这也是不完整的版本）。正如王宇所言，此书既无明显的年代错误，记载同一事件与同时代文献也无龃龉之处。此书含有丰富多彩的新材料，我在引用时无有迟疑，尤其是在叙述第一个闽国皇帝宫廷生活那一章里。

2.《清异录》：陶毂《清异录》，"惜阴轩丛书"本。此书搜罗众多奇异风俗和新奇语词，皆以趣闻逸事说明之，很多与闽国宫廷生活相关。成书于10世纪。

3.《九国志》：路振《九国志》，"丛书集成"本。此书最初包含南方各国皇帝之生平事迹，但现在仅存名人传记。这是一部很重要的参考文献。成书于10、11世纪间。

4.《旧五代史》：薛居正《旧五代史》，卷134有少量闽国史料，但几乎不值一提。成书于10世纪。

5.《全五代诗》：李调元《全五代诗》，"丛书集成"本。完整收录五代十国时期的诗歌作品。成书于18世纪。

6.《道光福建通志》：陈寿祺《福建通志》，1867年版。载有碑志、考古和传说资料，很重要。

7.《乾隆福建通志》：谢道承《福建通志》，1737年版。

8.《南唐书》：马令《南唐书》，"丛书集成"本。载有南唐与闽国关系的各种相关材料，尤其是有关闽国与南唐战争之事。成书于12世纪（？）。

9.《宋史》：脱脱《宋史》。此书鲜有闽国之事，因为闽国未及宋朝征服就灭亡了。但此书载有10世纪晚期著名闽人的传记，例如卷483有留从效、陈洪进传。成书于13世纪。

10.《资治通鉴》：司马光《资治通鉴》，"四部丛刊"本，涵芬楼影印宋刊本。我曾将此版本与"四部备要"本对比，"四部备要"为铅印本，含有胡三省（1230—1302）注。此书极为重要。成书于11世纪。

11.《唐书》：即欧阳修《新唐书》。卷190载有闽国创建者王潮、王审邦、王审知等人的传记资料，特别有用。成书于11世纪。

12.《五国故事》：作者佚名，"知不足斋丛书"本。此书载有吴国、南唐、蜀国、南汉和闽国的诸多趣闻逸事及神异传说。成书于宋初。

13.《五代史》：欧阳修《新五代史》。卷68为《闽世家》。与薛居正《旧五代史》相比，较少琐碎、偏见之弊，然而不及司马光叙述详细。成书于11世纪。

14.《舆地纪胜》：王象之《舆地纪胜》，1849年版。此书重要，因其保存了宋代仍在流传的有关闽国考古、地质和传说的材料。成书于13世纪。

附录一　闽地图[1]

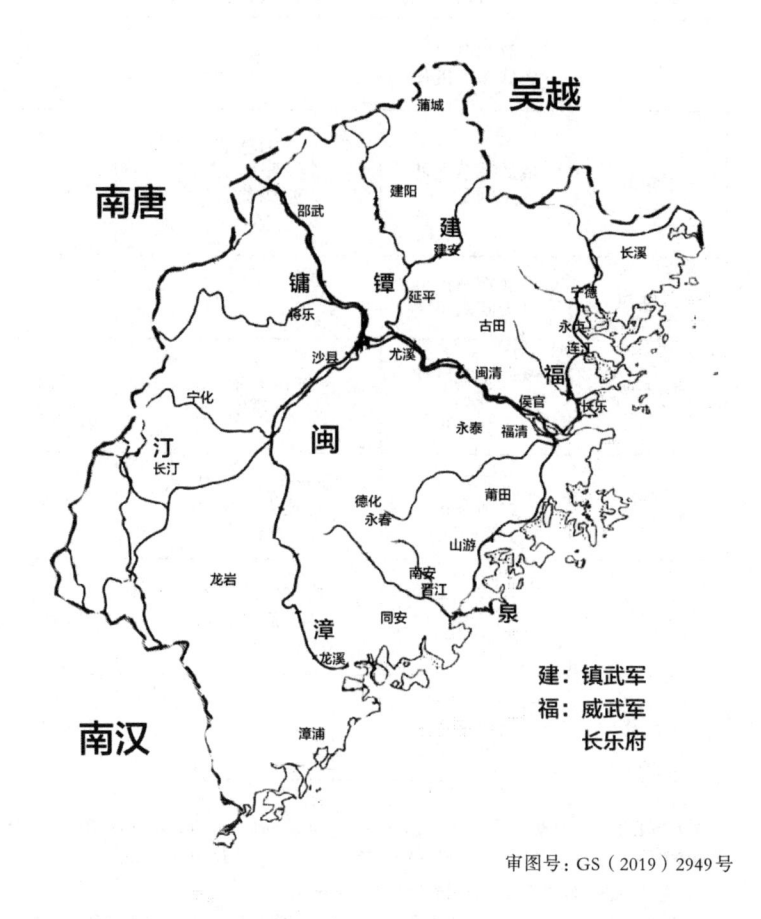

审图号：GS（2019）2949号

1　见谭其骧主编《中国历史地图集》（北京：中国地图出版社，1996年）第五册，页89。

附录二 闽国王氏世系表

统治者	头衔	追封追谥追赠头衔	年号
王潮	泉州刺史 威武军节度使	司空	
王审知	威武军节度使 闽王	忠懿王 昭武王 昭武孝皇帝 太祖	
王延翰	威武军节度使 大闽国王		
王延钧[1] （王璘，鏻）[2]	威武军节度使 闽王 大闽皇帝	齐肃明孝皇帝 惠宗	龙启 永和
王继鹏 （王昶）	大闽皇帝	圣神英睿文明广武 应道大弘孝皇帝 康宗	通文
王延羲 （王曦）	闽国王 大闽皇	睿文广武明圣元 德隆道大孝皇帝[3] 景宗	永隆
王延政[4]	富沙王 大殷皇帝 大闽皇帝		天德

---

1 《中国编年表（附索引）》（Chinese Chronological Charts with Index，1931年2月，哈佛燕京学社"汉学索引"系列，增补Ⅰ）写作"均"，这个写法仅见此处。
2 王延钧后来改名"鏻"，《中国编年表》略而未出。
3 王延羲在所建佛塔碑铭中所刻头衔（见上文"信仰"章），较此更为混乱：睿明文广武圣光德隆道大孝皇帝。但此误当是《福建通志》的编者所致，不能怪原石刻工。
4 《中国编年表》写作"正"，此乃沿《册府元龟》之讹。

附录三　正统年号与闽国年号对照表

公元	唐	闽
894	乾宁	
898	光化	
901	天复	
904	天祐	
	梁[1]	
907	开平	
911	乾化	
915	贞明	
921	龙德	
	唐[2]	
923	同光	
926	天成	
930	长兴	
933		龙启
934	应顺	
	清泰	
935		永和
	晋[3]	
936	天福	通文
939		永隆
943		天德
944	开运	

1　译注：通称"后梁"。
2　译注：通称"后唐"。
3　译注：通称"后晋"。

出版后记

看到这个书名《闽国》，可能会有许多读者都会惊讶，原来闽地也建立过帝国。其实，不仅是闽国，多数人或许对五代十国都不太熟悉，它之前的唐代和它之后的宋代都比它的名气要大；即便同样是分裂时期，早前的南北朝时期也比五代十国更多地受到人们的关注。因此，我们需要好好地了解这段历史。

五代，即后梁、后唐、后晋、后汉、后周，十国则为吴、南唐、吴越、楚、前蜀、后蜀、南汉、南平（荆南）、闽、北汉。五代十国的内部，既有合作联盟，也有厮杀抢夺，历史线索更是纷乱复杂，因而研究这一时代的学者远少于研究隋唐的学者，其研究的深度和广度也不可同日而语。

而从《旧五代史》和《新五代史》的编排中，可以发现十国的地位低于五代，关于十国的史籍记录更是为数不多。在这样史料稀少、研究匮乏的情况下，一本专门研究五代十国时期闽国的著作更显难得。薛爱华教授是著名的唐史学者，他的代表作《撒马尔罕的金桃：唐代舶来品研究》几乎是每一个对中国史感兴趣的读者都有所耳闻的。他对十国的历史同样充满研究热情，在研究中重视唐帝国的遗产。

《闽国》写作于20世纪50年代，是薛爱华教授汉学研究的早期成果，对于强调被忽视的五代十国历史具有非常重要的意义。十国的史料明显受"正统论"的影响，非正统的十国在历史记录中很少现身，稀少、单薄、不可尽信，所以作者在写作本书时，在运用史料方面遇到了极大的困难，只能审慎、批判地处理。

这本书不是一部单纯的闽国政治史，而是社会史、文化史、经济史的结合，全方位地展现了闽国的地理环境、宫廷政局氛围、编年史等细节。在五代十国中，闽国既不强大也不显眼，但在闽地的开发和文化发展史上，闽国的历史无疑是其中最闪耀的篇章，也是我们了解五代十国史的一扇窗口。

服务热线：133-6631-2326　188-1142-1266

读者信箱：reader@hinabook.com

后浪出版公司

2019 年 8 月

图书在版编目（CIP）数据

闽国 /（美）薛爱华著；程章灿，侯承相译. -- 上海：上海文化出版社，2019.7（2024.3重印）
ISBN 978-7-5535-1685-1

Ⅰ. ①闽… Ⅱ. ①薛… ②程… ③侯… Ⅲ. ①福建—地方史—研究— 909-945 Ⅳ. ①K295.7

中国版本图书馆CIP数据核字(2019)第145561号

The Empire of Min: A South China Kingdom of the Tenth Century
Copyright © Floating World Editions
Chinese simplifed translation copyright © 2018 by Chu Chen Books.
All Rights Reserved.

图字：09-2019-502号
审图号：GS（2019）2949号

出 版 人	姜逸青
策　　划	后浪出版公司　楚尘文化
责任编辑	任战　葛秋菊
特约编辑	林立扬
版面设计	孟小雨
封面设计	陈文德

书　　名	闽国
著　　者	[美]薛爱华
译　　者	程章灿　侯承相
出　　版	上海世纪出版集团　上海文化出版社
地　　址	上海市闵行区号景路159弄A座3楼　201101
发　　行	后浪出版公司
印　　刷	北京盛通印刷股份有限公司
开　　本	889×1194　1/32
印　　张	6.375
版　　次	2019年8月第一版　2024年3月第五次印刷
书　　号	ISBN 978-7-5535-1685-1/K.195
定　　价	49.80元

后浪出版咨询(北京)有限责任公司　版权所有，侵权必究
投诉信箱：editor@hinabook.com　fawu@hinabook.com
未经许可，不得以任何方式复制或者抄袭本书部分或全部内容
本书若有印、装质量问题，请与本公司联系调换，电话010-64072833